저는…
하나님이 보내신 땅,
탄자니아에서
하나님이
만나게 하신 사람들,
마사이족과
함께 살아가는
배경식 선교사입니다.

Jambo

마사이 부족은
'소'의 사람들이라고 불립니다.

그들은 소똥으로 집을 짓고,
일부다처제의 관습을 따릅니다.

가축들은 하늘에서 내린 빗물을 마시고
마사이들은 빗물을 길어 식수로 사용합니다.

남자아이들은
목동의 삶을 살고

여자아이들은 엄마를 도와
땔감을 해 오며

물을 길어 오고
어린 동생들을 돌봅니다.

그리고 가임기가 시작되면
일찍 결혼하여 어린 나이에
엄마가 됩니다.

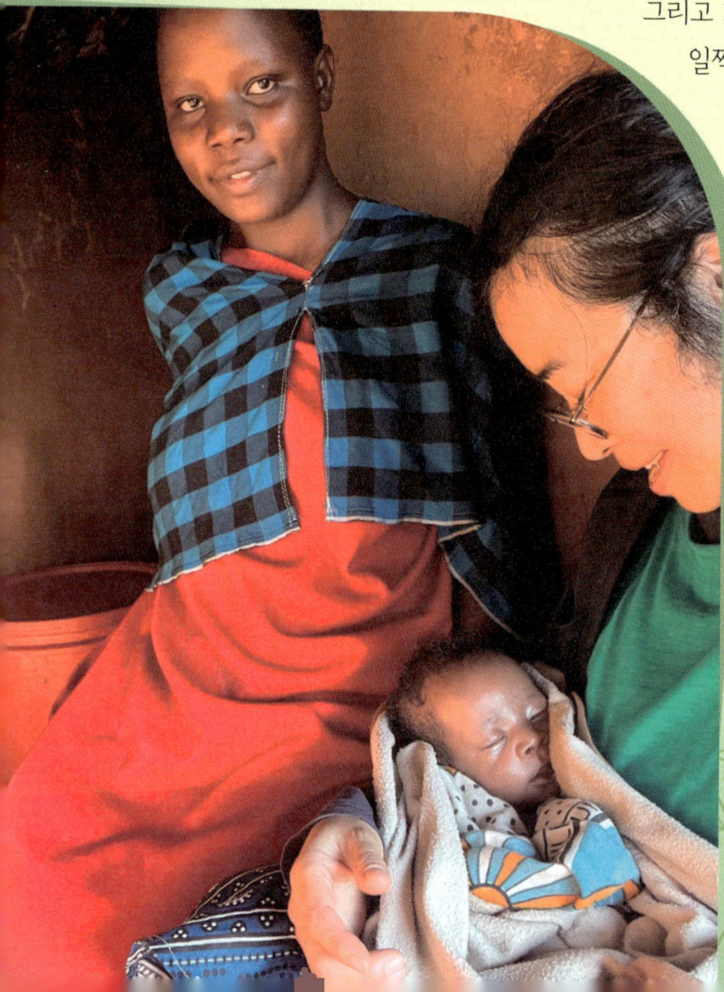

이들에게 간절한
물 공급을 위해 가장 먼저
지하수 개발 프로젝트를 진행합니다.

지하수 시추 작업 후
물탱크를 설치하면

교회 앞마당에
마을 사람들은
물을 길으러

가축들은
물을 마시러
모입니다.

걸어서, 오토바이로, 차로
그렇게 깊은 곳으로…
하나님의 선교를 위해
날마다 들어갑니다.

마을의 가장 큰 나무에 십자가를 달고,
그 나무 밑에서 예배를 드립니다.

마사이 광야에
'나무 밑 유치원'을 세우고,

선한 손길들을
모아 교회 건축을
시작합니다.

이어 교회 부설 유치원을 짓고
하나님의 사람을 키우는
학교 사역을 시작합니다.

굶주린 아이들을 위해
급식을 제공하고
결연 후원 아동들에게
장학금도 지급합니다.

교회 개척과 선교 사역의 발걸음은 멈춘 적이 없습니다.

복음의 씨앗을 뿌리는
전도부인^{Bible Women} 훈련 프로그램

마사이 현지 사역자들을 발굴하는 평신도 지도자학교

마사이의 희망을 일구는 교회 연합청소년집회 등등

이 아름다운 사역에 함께하는 마사이 동역자들이 있습니다.
우리의 모든 걸음에 함께하며 세밀히 도우시는
우리 주님께 감사와 영광을 돌립니다.

탄자니아 마사이족 선교사 이야기

Namayani

차례

저자 소개 21
선교지 소개 22

1장
섬 소녀에서 마사이 선교사가 되기까지
섬에 홀로 남은 아이 28
남편도 하나, 아이도 하나인 가난한 선교사 30
교회가 마을의 중심으로 우뚝 서다 32
나마야니, 남아야니, 남아야 하니! 34

2장
울고 웃는 선교 현장
흙먼지 속에서의 교통사고 38
높은 콧대를 낮춰라 41
하나님 일을 하는
'음충가지(목사)'라서 산 거야! 43
주술 행위로 사역자가 징계받다 46
교회가 아닌 잔칫집에서의 주일예배 48
키모쿠와 동네 이장이 무릎 꿇다! 50
선교차량을 도난 맞다 52
'은가랴 나이보' 동네의 전도 여행 53
코끼리를 잡고 사자를 잡았다고 뻥치다 55
과부 여선교회 회장의 임신과 사산 57
토모이의 간청 59

눈 먼 할머니의 고백 61
오랜 친구, 백세 할아버지의 세례 63
자주 혼절하던 모세, 청년이 되다 65
나사로 집사의 유언 68
124세 할아버지의 성대한 장례,
16세 소녀의 외로운 장례 71
'돌쇠 차량'의 임무는 막 다니는 것 73
벽에서 전기가 나온다! 74
무슬림이 판 우물은 덮어! 76
유혹에 시달리는 나이보르소티 교우들 78
수줍은 아이, 렌기텡의 새 의족 80

3장
아름다운 사람과 성전, 하나님이 세우신다
현지 교인을 존중한 '침례' 84
땡그랑 동전 헌금 87
'엔훠르엔데게나무밑교회' 개척예배 88
뜻깊은 세례식과 차박 89
치매에 걸린 할아버지의 세례 91
면장의 훼방과 구속 사건 92
꿍꿍이속, "엠씨티에 땅 주지마!" 94
페니나와의 마지막 차이 95
마사이의 전도부인들 98
전도부인들의 해외 선교 여행 100

전도부인의 놀라운 성과 103
사람이 재산! 105
가방을 둘러맨 쿠렌제 전도사 107
12월 마사이 청소년연합집회 109
10년이면 111
코로나 시기의 성경 필사 113
엘리야스의 고백 114
우리 교회에는 진짜 성도만 있어요! 116
'교회 오빠' 동균 · 시현 117
사명은 노력보다 은혜로 감당하라! 120
하나님의 오묘한 섭리 가운데
만난 아이들 122

4장
거친 걸음, 함께 걷는 고마운 이들

하나님께서 자라게 하신다 126
이 성경 심히 사랑합니다 128
열정이 이루어 낸 작은 책방 130
글로 만나는 세상, 작은 어린이도서관 132
학교를 세울 수밖에 없는 이유 133
하나님 믿어 복 받은 엔가쏘라 동네 135
고단한 여인들을 위한 방앗간 137
작은 교회의 큰 선교 139
꿈인가, 생시인가? 141

어떤 소리에도 흔들리지 않기를 142
빈 들의 기적 144
섬, 큰 바위 위에 세운 교회 146
복의 통로로 쓰임받는 기쁨 148
아이들이 존중받으며 살아갈
그날을 기대하며 149
배 자매 덕분에 양철집을 짓다 151
레보에게 찾아온 선물 153
선교사의 집, 첫날 155
요하나 장로님의 문자를 받다 157
친구와 같은 윤호영 선교사님의 소천 159

5장
광야 같은 삶, 그러나 멈추지 않는 빛

낯선 추위, 따뜻한 털모자 164
꼬마 선교사의 현장 언어 166
마사이 교회에서의 첫 설교 168
박쥐 때려 잡기 169
롱기도산에서의 기도 170
물, 물, 물 172
"주님, 지금 마실 물 좀 주십시오!" 174
우린 마사이 형제 175
유년기의 추억이 현재의 삶으로 177
남편의 이유 있는 수염 178

가난한 목사, 선교사로 살기 180
나를 깨우친 다은이의 카톡 182
내 마음대로 기도함을 회개합니다! 184
선교지에서의 10년을 성찰하며 186
우유 할머니의 유품 187
할머니의 꼬깃꼬깃한 용돈을 받다 189
죽고자 하면 산다 190
코로나를 통과하며 192
서프라이즈! 염소 72마리 194
김윤식은 배경식을 품고 기도합니다 197
코로나 기간의 깨달음 199
코리아 여자 목사에 관한 루머 201
키모쿠와초등학교에
'엄마의 부엌'을 선물하다 202
반백 년 생일앓이 204

6장
마사이, 그들을 사랑할 수밖에 없는 이유
"우갈리~" 찰칵! 가족사진 촬영 208
돌팔이 의사와 '후시딘의 기적' 209
렌지교회에서의 민박 211
차이(chai) 사랑 213
사랑을 시작한 젊은이들 215

다윗 같은 목동, 야곱처럼 품삯으로
아내를 얻은 엘리야 집사 217
주술사들이 점치던 자리에
교회와 학교를 세우다 219
사랑에도 예의가 필요하다 221
마사이 할례 222
쿨의 새 집에서 하숙하다 224
소아마비 장애아동 레보 226
레보 고모의 조현병이 낫다 228
레보의 아빠, 신학생 되다 229
사람 목숨보다 더 비싼 사자 230
찰레, 용서해 줘 232
목요성경학교 종강식과 쇠고기 파티 235
골고루 나누는 것은 어렵다 237
목사에게 갓난애를 맡기고
물 길으러 간 마마 239
강남스타일 구제품, "목사님 가지세요" 241
아이들의 위로, 내게 껌과 사탕을 주다 242

시 '마사이 아낙네' 245
에필로그 246

저자 소개

배경식 선교사 (나마야니 배, Olahitani Namayani Bae)

"보이지 않는 하나님을 사랑하듯, 보이는 마사이를 사랑했다."

고등학교 학창 시절부터 지녀온 선교에 대한 진심은 배경식 선교사와 남편을 아프리카 동부의 나라로 이끌었다. 1990년대 초반부터 10년이 넘는 시간 동안 공부하고 훈련받으며 선교사로서의 삶을 준비했다. 그러다 같은 방향을 바라보는 이를 만나 2002년 가정을 이루었다.

2008년 목사 안수를 받고 선교사로 파송되어 '용맹'하기로 소문난 마사이 부족이 사는 탄자니아 롱기도에서 나무밑교회들을 개척하고, 교회들을 중심으로 선교 사역을 펼치고 있다.

광야에서 외치는 자의 소리처럼 소리가 역할을 다하면 사라지듯이, 선교사의 삶도 그렇기를 바라며 오늘도 성령의 도구로 쓰임받으며 마사이들과 살아가고 있다. 비록 소리는 사라질지라도 그 소리를 통해 전해지는 하나님의 말씀과 그 말씀으로 세워진 하나님의 사람들은 그곳에 남을 것이라고 믿는다.

"풀은 마르고 꽃은 시드나 우리 하나님의 말씀은 영원히 서리라."
(사 40:8)

선교지 소개

마사이 부족

　나일사하라 어족에 속하는 마(Maa) 언어를 사용하는 부족으로, 탄자니아 북부와 케냐 중서부 지역에 거주하는 유목민이다. 탄자니아와 케냐에 거주하는 마사이 부족의 인구는 약 150만 명으로 추정된다.

　현재 마사이 부족은 가시나무가 있는 곳에서 소와 염소, 양을 목축하는 반유목 생활을 하고 있다. 저장고에 모은 빗물을 식수로 사용하는데, 그 물을 가축들이 먼저 마신 뒤에 사람들이 사용한다.

　마사이 부족에게는 독특한 신화가 있다. 하늘의 신 '엔가이(Ngai)'가 마사이를 하늘에서 이 땅으로 보내 가축을 기르게 했고, 신이 원하는 만큼 소의 수를 채우면 그들을 다시 하늘로 데려간다는 이야기이다. 그래서 마사이 남성들은 소를 비롯한 가축 돌보는 일에 인생을 걸고 전념한다. 소의 마릿수를 늘리는 것을 인생의 최대 사명이자 신을 향한 충성으로 여긴다.

　이러한 마사이 남성들의 권위는 절대적이다. 안타깝게도 그 권위 아래에서 사는 여성과 아이들은 가축보다 못한 대우를 받으며 살아가고 있다.

마사이 부족의 삶

127개 부족으로 이루어진 탄자니아는 스와힐리어를 국어로 사용하며, 아프리카에서 비교적 안정적인 체계를 이룬 나라로 발전해 가고 있다.

마사이 부족은 물과 풀이 풍부한 지역에서 지내다가, 19세기 전염병과 19~20세기 식민지 시대를 거치면서 탄자니아와 케냐 국경의 척박한 지역에 정주했다. 그 후로 건기에 가족을 떠나 가축들을 끌고 물과 풀을 찾아 이동하며 생활하는 반유목민의 삶을 살고 있다.

섬기고 있는 마사이 부족은 탄자니아의 주요 도시 중 하나인 아루샤(Arusha, 탄자니아 5대 도시 중 하나)에서 북쪽으로 약 100km 떨어진 롱기도 지역, 케냐와의 국경 지대에 자리 잡고 있다.

롱기도 지역의 마사이들은 다른 부족과 성향이 다르다. 마사이의 전통문화를 고수하고 있어 삶의 방식과 사고 체계가 완고한 편이다. 자기 부족 지도자에게는 복종하지만, 다른 부족 출신의 지도자에게는 본능적으로 거부 반응을 보인다. 이러한 특성 때문에 마사이 지역에 다른 부족 출신의 목회자를 파송하는 일이 쉽지 않다.

마사이 부족은 아프리카의 다른 부족들과 마찬가지로 일부다처제 문화를 가지고 있다. 독특한 점은 여성이 남편이 아닌 다른 남성을 통해 아이를 가질 수 있다는 사실이다. 단, 아이 아버지에 대해 절대 비밀을 유지하며 아무도 아이 아버지에 대해 묻지 않는다. 대신 출생한 아이는 결혼 관계에 있는 남편의 소유물, 즉 재산이 된다.

　마사이 남자아이들은 어려서부터 가축을 돌보는 목동으로 자란다. 여자아이들은 어머니를 도와 집안일을 배우며 성장하다가 가임기가 되면 시집을 간다. 결혼해서 평생 임신과 출산, 육아를 반복하며 집안일을 도맡는다. 소똥으로 집을 짓고, 물을 길어오고, 땔감을 나르고, 가축의 젖을 짜는 등 대부분의 일이 여성의 몫이다.

　남자들은 소를 돌보며 물을 찾고, 사자나 하이에나와 같은 맹수에게서 가축과 마을을 지키며, 필요할 때는 전쟁을 하여 부족을 보호하고 부족의 번영을 위해 헌신한다.

　마사이족은 공동체를 통해 자신의 존재 이유를 확인한다. 내가 우리가 되는 것이 아니라 우리가 곧 나다. 그래서 롱기도 지역에 흩어져 있는 14개(2025년 3월 기준) 교회를 각각 독립된 교회로 여기지 않고, MCT(Methodist Church In Tanzania)에 속한 하나의 '마사이감리교회'로 인식한다. 이러한 연유로 연합집회와 공동 행사를 자주 열며, 이를 통해 마사이감리교회라는 강한 공동체 의식을 드러낸다.

나무밑교회와 유치원

　　마사이는 용맹한 성향을 지닌 부족이지만, 그들의 마음은 맑고 의리 또한 깊다. 가부장적인 문화 속에서 살아가며 옆구리에 사냥 도구인 칼을 찬 채 예배를 드리지만, 그들은 하나님 말씀 앞에서는 기꺼이 무릎을 꿇는다. 하나님의 이름으로 세워진 목회자를 존중하며 따르는 순수한 영혼의 사람들이다.

　　롱기도 지역에서 가시 없는 큰 나무는 특별한 의미를 지닌다. 사람들은 신성한 존재로 여기며 정령으로 섬긴다. 그들에게 나무는 단순한 나무가 아니라 가축을 지키는 울타리이며, 목동의 지팡이가 되고, 약초로도 사용한다. 또한 나무 그늘은 마을 사람들이 모여 회의를 하는 장소이자 남성들의 쉼터가 된다.

　　마사이 지역에서 교회를 개척할 때 먼저 공동체의 허락을 구해야 한다. 허락받은 후에는 동네에서 가장 큰 나무 아래에서 예배를 시작한다. 나무 밑에서 예배를 드린다고 하면 자연과 함께하는 낭만적인 장면을 떠올릴 수 있다. 하지만 현실은 그렇지 않다. 허허벌판에 있는 나무이기 때문에 햇빛은 강하고, 먼지를 몰고 오는 바람도 자주 분다. 우기에는 비를 그대로 맞으며, 추운 날에는 벌벌 떨며 예배를 드린다. 그럼에도 마을 한가운데에 세운 나무밑교회는 단순한 예배당이 아닌 마을의 크고 작은 행사가 열리는 중심지가 된다.

나무밑교회 개척은 언제나 남성들의 결정에 따라 시작되지만, 교회가 세워지면 교회와 예배 자리를 지키는 이들은 여성과 아이들이다. 남자들은 가뭄 때 가축 먹일 물을 찾아 수백 킬로미터를 이동하며 지내기에 여자 성도들과 아이들이 교회를 지킨다.

나무밑교회를 시작하면서 유치원도 함께 시작한다. 주일에는 예배당이 되고 주중에는 교실이 된다. 이곳 아이들에게 교육은 육신을 위한 빵과 영혼을 위한 복음과 함께 꼭 필요한 것이다. 교회가 성장하듯, 아이들도 함께 성장해야 한다. 아이들에게 배움의 문을 열어주는 일은 선교의 또 다른 시작이다.

롱기도 지역 마사이 부족의 성인 대부분은 무학이다. 탄자니아 국어인 스와힐리어를 몰라 부족어인 마사이어를 사용하지만 대부분 읽거나 쓸 줄은 모른다. 다행히 먼 길을 걸어서 학교에 다니는 아이들이 점점 늘어나고 있다. 먼 길을 불평하지 않고 오가는 아이들을 보며 마사이 부족을 품으신 하나님의 소망을 본다.

1

섬 소녀에서
마사이 선교사가 되기까지

섬에 홀로 남은 아이

나는 인천 앞바다의 작은 섬, 옹진군 자월면 이작1리에서 태어나 자랐다. 섬마을이라 초등학교 입학생은 단 7명뿐이었다. 학년이 올라갈수록 남자아이들은 하나둘씩 인천으로 유학을 떠났고, 결국 5학년에 여자아이 셋만 남았다. 그러던 중 우리 집도 인천으로 이사를 가게 되었지만, 나는 섬에 남기로 했다.

나마저 전학 가면 여자애 둘만 남으니, 친구들을 그냥 두고 갈 수 없었다. 그리고 이작교회도 떠날 수 없었다. 몇 안 되는 교회학교에서 나까지 떠나면 젊은 전도사님 부부의 실망이 이만저만이 아닐 것 같았다. 교회는 어린 내게 놀이터였고 도서관이었으며 공부방이자 하나님을 만나는 거룩한 장소였기에 교회를 떠날 수 없었다.

나는 어릴 때부터 신의(信義)를 중요하게 여겼다. '눈에 보이는 사람에게 예의와 의리를 지키지 못한다면, 어떻게 보이지 않는 하나님을 사랑한다고 말할 수 있을까?' 그 생각에 전학을 거부하고 부모님을 설득하기로 결심했다. 섬에 남아 전도사님과 권사님들 집에 머물면서 학기 중에는 학교에 다니고, 방학 때는 인천에 가겠다고 부모님을 설득했다.

내 이름은 '배경식'이다. 부모님이 딸!딸!딸! 딸 셋 낳고 또 딸을 낳자, 아들을 바라는 마음으로 내게 남자 이름을 지어 주셨다. 다행히 아들이 태어났고, 남동생을 본 나는 많은 혜택을 누리며 성장할 수 있었다. 그리고 그 덕분에 부모님은 내 고집을 받아들여 주셨고, 나는 자발적인 선택으로 섬에 홀로 남게 되었다.

가족과 떨어져 홀로 남은 그 섬에서, 나는 권사님들과 전도사님 부부의 따뜻한 돌봄 속에서 신앙을 지켜나갔다. 중학생이 되어 인천으로 올라

온 후에는 숭의교회에서 성령집회와 부흥회, 금요 철야예배에 참석하며 선교의 비전을 품었다. 많은 선교사님의 간증을 들으며 가슴 뛰는 믿음의 불씨가 내 안에 피어올랐다. 그리고 마침내, 그 불씨는 내 삶을 이끄는 불꽃이 되어 선교사의 길로 나를 인도하게 되었다.

"예수는 지혜와 키가 자라가며 하나님과 사람에게 더욱 사랑스러워 가시더라."(눅 2:52)

남편도 하나, 아이도 하나인 가난한 선교사

스무 살 꽃다운 나이에 선교를 준비하기 시작했다. 결혼을 하고 아이를 낳고 목사 안수를 받은 후, 2008년 남편과 어린 딸과 함께 탄자니아로 파송되었다. 우리의 주요 사역은 신학교 협력 사역이었다.

선교지에 도착한 첫날, 선임 안찬호 선교사님은 우리 부부를 불러놓고 이렇게 말씀하셨다.

"추수할 곳은 많은데 일꾼이 부족합니다. 목사 부부이니, 낫 탓 하지 말고 무딘 낫이라도 들고서 추수할 곳이 있는 곳에 흩어져 사역하는 것이 좋겠습니다."

선교지로 떠나기 일주일 전, 나는 금식 기도원에 갔다. 선교지 사역을 놓고 기도하던 중, "내가 이 반석 위에 내 교회를 세우리니 음부의 권세가 이기지 못하리라"(마 16:18)라는 말씀이 마음에 새겨졌다. 그래서 '신학교 사역이 아니고 교회 사역?'이라는 물음표를 안고 선교지로 향했다.

그 물음표에 대한 답을 선임 선교사님을 통해 듣게 되는 순간이었다. 그렇게 해서 남편은 예정대로 신학교 사역을, 나는 상상하지 못한 마사이 교회 사역을 맡게 되었다. 그때 나는 선임 선교사님의 말을 주님의 음성으로 받아들였고, 순종하는 마음으로 마사이 부족 선교를 시작했다.

마사이 부족은 '소의 사람들'로 불린다. 소는 그들의 생명이며 재산이고, 소가 많다는 것은 아내가 많다는 것이고, 아내가 많다는 것은 자녀가 많다는 뜻이다. 다산을 통해 노동력을 확보하는 구조 속에서 자식이 많다는 것은 축복이다.

마사이 성도들은 나를 불쌍히 여긴다. 성도들은 출산을 통해 자녀가 계속 늘어나는데, 나는 여전히 딸 하나뿐이기 때문이다. 자녀 수는 곧 부의 상징이다. 그래서 나는 늘 가난한 목사다.

교회가 마을의 중심으로 우뚝 서다

마사이 소년들은 어릴 때부터 목동이 되고, 소녀들은 엄마를 도와 집안일을 한다. 열 살 전후 가임기가 시작되면 시집을 가고, 어린 나이에 엄마가 된다. 출산과 임신, 양육을 반복하며 살아가는 여성들의 가치는 소 목숨 값보다 못하며, 반면 남성의 권위는 절대적이다.

그래서 종종 사람들이 묻는다. 그런 곳에서 여성 목사로 선교가 가능하냐고. 상식적으로 보면 불가능해 보이는 일이 맞다.

실제로 마사이 사회에서는 아무리 나이 많은 여성이라도 할례받은 남자의 머리에 손을 얹을 수 없다. 어른에게 머리를 숙여 "시카모오(shikamoo)"라고 인사하면 어른은 손을 머리에 얹고 축복을 빈다. 이런 인사는 남성 어른만 할 수 있다. 나는 여성 교역자 선교사로서 마사이 남자들의 머리에 손을 얹고 안수 기도를 하며 세례를 주고 있다. 그러니 궁금할 수밖에 없다.

나는 이 권위가 어디에서 나오는지 알 수 없다. 다만 그것이 하나님께로부터 왔다는 확신 하나로 롱기도 마사이 땅에서 지금까지 이 길을 걷고 있다.

마사이 마을에는 주술사들이 많다. 그런 곳에 하나님의 교회가 세워졌으니, 처음에는 부딪힘도 많았다. 마사이 남자들은 처음에 내 행동 하나하나를 지켜보며 시험했다. 내가 위축되는지, 두려워하는지, 진짜 목사인지 아닌지를 확인하려 했다. 그때마다 나는 하나님이 주신 지혜로, 그들을 놀라게 할 만큼 담대하게 행동했다. 그렇다고 싸운 것은 아니다. 힘으로 이길 수도 없고, 마사이어가 서툴러 말로 설득할 수도 없었다. 하지만 영적 싸움에서는 늘 승리했다. 그 승리는 곧 주님의 승리다.

이렇게 마사이 땅에서 복음을 전하며 교회를 세워 가고 있다. 동네에서 가장 큰 나무 아래에 십자가를 걸고 예배를 드린다. 그리고 그 자리에서 유치원도 시작한다. 건물이 없어 태양과 비, 먼지를 고스란히 맞으며 예배를 드린다.

비가 와도 뛰지 않는다. 비 피할 곳이 없는 마사이 동네에서 뛰어봤자 힘만 빠진다. 예배를 드리다가 비가 오면 나무밑교회 성도들은 비를 다 맞고 예배를 드린다. 비 오는 날은 왜 그리도 추운지, 오돌오돌 떠는 성도들에게 "춥지요?" 하고 물으면, 치아가 부딪히는 딱딱 소리를 내며 "네!"라고 대답한다. 그러면서 "그런데 비는 축복이에요!"라고 덧붙인다. 맞다! 비는 축복이다.

몇 시간을 걸어 예배에 참석하고 다시 그만큼을 걸어 돌아가는 성도들에게, 예배 시간만큼은 햇빛과 비를 피할 공간을 마련해 주고 싶었다. 후원자들의 손길을 통해 나무밑교회가 세워지고, 유치원이 생기고, 나아가 초등학교까지 설립하게 되었다. 현재 무완자 빅토리아 근처에 세운 3개 교회를 제외하고, 롱기도 마사이 교회는 14개 처소로 확장되었고, 유치원은 14곳, 초등학교는 4곳에 이른다.

마사이 땅에서 교회는 단순한 건물이 아니다. 교회는 마을의 중심이며, 물을 공급하는 곳이자 배움터이고, 행정기관의 역할까지 감당하는 삶의 중요한 거점이다.

"이 반석 위에 내 교회를 세우리니 음부의 권세가 이기지 못하리라."

(마 16:18)

나마야니, 남아야니, 남아야 하니!

2013년, 선교 인생에 큰 위기가 찾아왔다. 남편이 신학교 사역을 중단하게 되었고, 결국 비자 문제로 탄자니아를 떠나야 했다. "바늘 가는데 실 간다"는 말처럼 나도 선교지를 변경해야 하는 상황이었다. 그때 마사이 성도들이 내게 와 물었다.

"당신은 우리 마사이들의 목사입니다. 우리는 당신을 하나님이 보내신 영적 지도자, 목회자로 따랐습니다. 그런데 왜 이제 와서 목사가 아닌 사모로, 엄마로, 여자로 남편 목사님을 따라 우리 곁을 떠나려고 하십니까? 남편 목사님의 신학교 사역 문제이지, 우리 마사이 교회와 당신 문제는 아니지 않습니까?"

그 질문 앞에서 나는 내 정체성을 확인할 수 있었다. 그들의 말은 단순한 질문이 아니라, 내 사역의 본질을 묻는 하나님의 음성이었다. 나는 어린 시절 홀로 섬에 남기로 결정했던 것처럼, 마사이 곁에 남기로 했다. 남편과 딸의 동의와 파송교회의 동의를 얻은 뒤, 본부 선교국을 통해 나는 탄자니아 선교사로, 남편은 케냐 선교사로, 다은이는 꼬마 선교사로 살아가기로 했다. 어느새 12년이 지나 초등학교 4학년이던 딸아이는 대학생이 되어 미국에서, 나는 탄자니아에서, 남편은 케냐에서 살고 있다.

마사이에서는 길을 잃었을 때 큰 길을 따라가면 안 된다. 큰 길은 소와 양이 다니고 큰 짐승들이 다니는 위험한 길이다. 큰 길을 따라가면 마을과 더 멀어지게 된다. 빗물이 지나가는 낭떠러지 도랑을 만나 위험에 빠진다. 그래서 집으로 돌아가는 길을 찾고 싶다면, 작은 길을 찾아야 한다.

그 작은 길은 서서 찾으면 보이지 않는다. 아주 좁은 길이기 때문이다. 최대한 몸을 낮춰 땅을 살펴야만 발견할 수 있다. 이처럼 마사이 선교 또한 늘 몸을 낮추고 겸손하게 살아야 가능하다.

큰 길과 좁은 길 중 하나를 선택해야 할 때마다 나는 늘 좁고 협착한 길을 선택해 왔다. 그래서 좁은 길이라 여긴 탄자니아 롱기도 마사이 땅에 남아 선교사의 삶을 계속해서 살아가고 있다.

마사이 성도들이 내게 마사이 이름을 지어주었다. '하나님의 축복을 받은 이'라는 뜻의 나마야니(Na-Mayani)이다. 그 이름을 반복해서 발음하다 보면, 마음속에 이런 메시지가 다가온다.

"나마야니, 남아야~니, 남아야~하니! 너는 계속해서 이 땅에 남아야 하느니라!"

"좁은 문으로 들어가라 멸망으로 인도하는 문은 크고 그 길이 넓어 그리로 들어가는 자가 많고 생명으로 인도하는 문은 좁고 길이 협착하여 찾는 자가 적음이라."(마 7:13~14)

2

울고 웃는 선교 현장

 ## 흙먼지 속에서의 교통사고

주일 아침이면 나는 일찍 일어나 아침밥을 서둘러 준비한다. 그리고 교회에서 돌아올 때의 배고픔을 달래기 위해 도시락을 싼다. 준비를 마치면 남편과 딸 다은이와 함께 교회에 갈 채비를 한다. 빌려 타고 다닌 무쏘 차량은 고장이 났고, 마당에 멈춰서 있은지 오래다. 케냐 나이로비 한강에서도 부품을 구하지 못해, 이제는 아무 쓸모없는 고철물이 된 듯싶다.

우리가 향하는 롱기도교회는 군청 소재지인 롱기도에서 불과 1~2km 거리에 있다. 신학교에서 30분을 걸어 나가 아루샤 시내에서 다라다라(현지 버스)를 타고 100km 달려 롱기도에 내리면, 걸어서 교회까지 갈 수 있다.

이 현지 버스는 7인승 봉고차를 개조한 차량으로, 운전자까지 총 11명이 탈 수 있다. 운전석과 조수석 사이에 방석을 깔고 한 사람이 더 앉는다. 외관만 보면 버스라기보다 고물차에 가깝다. 그러나 이 낡은 차는 국경까지 120km를 멈추지 않고 달린다. 일인당 원화 4,000원의 차비를 낸다. 언제 떠날지 출발시간을 알 수 없다. 좌석이 꽉 찰 때까지 기다렸다가 승객을 꽉꽉 태워 출발한다.

다은이는 차에 앉자마자 졸기 시작했고, 나와 남편은 좁은 차 안에서 이런저런 이야기를 나눴다. 뒷좌석에는 체격이 좋은 마마(mama, 엄마 또는 아주머니)와 젊은 남녀가 있었고, 앞에는 운전자와 신사 두 명이 타고 있었다. 모두 불편한 내색 없이 앉아 있는 모습이 신기하기만 하다. 구닥다리 현지 버스를 타고 다녀도, 마사이 교회까지 태워주니 그저 고맙다.

이슬람의 라마단(Ramadan) 기간이 끝나는 날이면 이곳은 축젯날이 된다. 딸아이도 유치원 방학을 맞았다. 방학 첫날, 다은이와 점심을 먹던 중 아이가 툭 이런 말을 내뱉었다.

"엄마, 나 하나님 싫어! 왜 우리에게 차를 안 주셔? 나 진짜 기도 많이 했는데! 이제 나도 스카프 두르는 사람들처럼 하나님 안 믿을 거야."

아이의 말에 웃음이 나왔다. 유치원에서 샤프란 스카프로 얼굴과 목을 싸맨 힌두교 아이들이 예쁘다며 다은이는 한동안 스카프를 두르곤 했다. 그때 나는 "예수님 안 믿는 사람들이 저렇게 하고 다니는 거야"라고 말했는데, 그 말을 기억하고 있었던 것이다.

한국에서 연회 참석을 마치고 돌아온 뒤, 마사이 교회 부설 유치원 급식이 떨어졌다는 소식을 들었다. 나는 마사이 교회 사역을 하며 신학교에서 한 과목씩 강의하고 있었다. 몸이 좋지 않아 남편에게 운전을 부탁했지만, 남편은 신학교 강의를 뺄 수 없다며 거절했다. 그래서 목요일 수업이 없는 틈을 타 야간 경비원 엘리야스와 함께 신학교에서 80km 떨어진 엔키카렛교회로 급식 재료를 실어 날랐다.

문제는 도로였다. 중국 건설업체가 공사 중인 나망가 국경 구간은 기존 아스팔트를 걷어낸 채 흙길에 임시 도로를 마련해 놓았다. 차량이 달릴 때마다 먼지가 가득해 시야를 확보할 수 없었다. 거기에 돌멩이까지 튀어 차량에 적지 않은 충격을 주었다. 앞차가 지나가면 안개보다 짙은 흙먼지가 시야를 가렸다.

피곤하거나 판단이 흐려지면 사고가 나기 마련이다. 정신이 나갔는지 뭐가 씌운 것인지, 차선도 없는 흙길에서 순간의 판단 착오로 앞차를 앞질렀다. 흙먼지가 자욱해 앞이 보이지 않았는데도 말이다.

'아차!' 싶은 순간, 반대편에서 거대한 무언가가 등장해 내 차와 부딪혔다. 오렌지를 가득 실은 화물트럭이었다. 비몽사몽간에 기적 체험이 일어났다. 듣기만 했던 뭉게구름 같은 큰 비눗방울이 원형을 만들어 내 차를 뒤덮고 있다는 느낌이 들었다.

차는 그대로 트럭 아래로 파고들었다. 안면을 부딪쳐 미간에서 피가 흘렀고, 눈도 다쳤다. 차는 박살이 났고, 사고 직후의 기억은 흐릿하다. 옆 좌석의 엘리야스는 다행히 다치진 않았지만, 충격으로 소리를 지르고 있었다. 피해 차량인 트럭 운전자와 보조자, 오렌지 상인이 우리 두 사람을 차에서 꺼내 주었다. 그리고 지나가는 차를 세워 나를 병원으로 이송해 달라고 부탁했다.

그 와중에 가장 먼저 한 일은 남편에게 전화를 거는 것이었다. 가장 먼저 나온 말은 "차가 박살이 났어요"였다. 뚜벅이로 사역하다가 빚내서 어렵게 마련한 차량이었다. 남편은 내게 "앞니는 어떻게 됐어?"라고 물었다. 그 물음을 끝으로 휴대폰 배터리가 "삐리리~" 나가 버렸다.

 **높은 콧대를 낮춰라**

배터리가 방전되기 직전 남편이 묻던 말에, 며칠 전에 꾼 꿈이 떠올랐다. 꿈속에서 주님은 내 앞니 하나를 뽑아 가셨다. 당황한 나는 주님께 따졌다.

"주님, 왜 제 앞니를 뽑아 가세요? 아프리카에서 앞니를 어떻게 다시 해 박아요? 앞니가 없으면 바보 같잖아요!"

그렇게 항변하자 뽑힌 앞니가 제자리로 돌아왔다. 너무도 이상한 꿈이라서 남편에게 이야기했다. 그 꿈을 기억한 남편이 내게 치아 상태를 물었던 것이다.

사고 직후, 트럭에 타고 있던 세 사람이 나를 지나가는 랜드 크루저에 태웠다. 나중에 알고 보니 차량은 고위직 세관공무원의 관용차였다. 정부 차량으로 병원에 갈 수 있었다. 도착한 곳은 아루샤에 최근 개원한 루터교 셀리안병원(Selian Lutheran Hospital)이었다.

교통사고가 발생하면 경찰서에서 받은 사고 경위서를 병원에 제출해야 한다. 보호자도 없고 사고 경위서도 없는 나를 위해 세관공무원이 신원 보증을 서 준 덕에 바로 입원할 수 있었다.

전화기는 꺼졌고, 남편의 전화번호는 디지털 치매로 기억에 없다. 공무원은 보호자가 나타날 때까지 기다려 주었다. 다행히 남편은 얼마 지나지 않아 알아서 병원을 찾아왔다. 남편은 의료 시설이 가장 좋다고 하는 셀리안병원일 거라 짐작하고 달려왔다. 사고 차량은 다음 날 아루샤로 옮겨졌지만 결국 폐차 처분했다.

나는 어릴 때 코를 크게 다친 적이 있다. 외양간 나무 울타리에 매달려 철봉 놀이를 했는데, 나무가 썩었는지 모르고 한 바퀴를 돌다가 그대로 땅에 떨어졌다. 하필이면 뾰족한 돌 위에 떨어져 콧대가 깨지고 말았다. 그 이후 두통이 잦았는데, 선교지에서 또 코를 다쳤다.

다친 코와 머리에서 계속 피가 났는데도 의료진은 지혈하지 않은 채 진통제 주사만 찔러댔다. 결국 콧등 봉합 수술을 받아야 했다. 차가운 수술대 위에 누워 있으니 서걱서걱 살을 꿰매는 소리와 의사의 거친 손놀림이 그대로 느껴졌다. '무식하게 꿰매고 있군.' 피곤한 몸으로 무리하게 급식을 배달했던 것이 사고 원인이었다. 차도 잃고 아픈 몸으로 누워 있자니 여러 생각이 들었다.

김흥규 목사님의 산문집 『그 무엇도 우리를』에 이런 글이 적혀 있다.

"네가 세상에서 벌여 놓은 수많은 사업은 분명 훌륭한 하나님의 일이지만 하나님은 아니다. 네 일은 너보다 훨씬 더 잘할 수 있는 사람에게 맡길 것이다. 너는 하나님을 선택했지, 하나님의 일을 선택한 것이 아니다."

맞다. 나는 하나님을 선택했다. 사역에 있어 차가 중요하다. 그러나 사고를 통해 차보다 더 중요한 것이 있음을 깨달았다. 바로 주님을 향한 내 마음과 선교지 사람들을 향한 사랑이었다.

 ## 하나님 일을 하는 '음충가지(목사)'라서 산 거야!

　콧등 봉합 수술을 마치니 저녁이 되었다. 이곳은 한국과 6시간 시차가 난다. 이미 한국은 밤 11시가 넘었다. 파송교회에는 다음 날 사고난 일을 보고하기로 했다. 그런데 남편과의 말이 채 끝나기도 전에 전화벨이 울렸다. 담임목사님이셨다. 연회를 마치고 선교지로 돌아갔는데 도통 소식이 없다며 무슨 일이 생겼나 전화를 하신 것이었다. 말을 제대로 할 수 없는 나를 대신해 남편이 사고 경위를 설명했다. 그러자 담임목사님은 "배 선교사, 하나님께서 참 사랑하시는군!" 하고 말씀하셨다. 성령님의 교통하시는 역사가 느껴졌다.

　'고맙습니다. 이 사람을 선교지에 보내놓고 늘 기도해 주신 그 기도를 우리 하나님께서 들어주셔서 오늘 배경식이 살았습니다.'

　일주일 뒤, 퇴원했다. 예상대로 코뼈가 부러졌다. 현지 병원에서는 수술할 정도는 아니니 그냥 두라고 했고, 꼭 하고 싶으면 한국에 가서 하라고 했다. 남편도 꿰맨 자국이 엉성해 보이지만 어쨌든 봉합은 했으니 시간이 지나면 아물 것이라고 했다. 부러진 코뼈도 저절로 붙을 것이라며 그냥 두자고 했다. 나 역시 한국에서 돌아온 지 얼마 지나지 않았는데 다시 한국에 가기가 어려웠다.

　주를 위해 사는 일은 결코 쉽지 않다. 그러나 어렵다고 해서 주님을 포기할 수는 없다. 사고 차량을 본 현지인들이 이렇게 말했다고 한다.

　"저 차에 탄 사람이 하나님의 일을 하는 음충가지라서 산 거야!"

　사고가 난 지 한 달이 지나, 다시 신학교 강의를 시작했다. 생각지 못한 어려움이 찾아왔다. 마음에 안정이 없고 사고와 판단에도 어려움이 생졌다. 강의실에 가방을 두고 나오는가 하면, 학생들에게 이상한 소리를 한다는 말이 들렸다. 나는 인지하지 못했지만 학생들이 여러 번 남편에게 심각성을 알렸다고 한다. 결국 한국에 가기로 했다.

주일예배 후, 케냐 국경을 넘어 한국행 비행기를 타기 위해 나이로비(Nairobi)에 가기로 했다. 렌지교회에서 예배드릴 때 킬라요 할아버지가 염소 두 마리를 가져오셨다.

"염소 먹고 당신의 나라에서 치료 잘 받고 건강히 돌아오세요."

롱기도 마사이 지역에는 병원 시설과 약국이 없었다. 지금도 대부분의 마사이 동네에 의료 시설이 부족하다. 마사이족은 오래전부터 전통 약재를 만들어 먹었다. 염소와 약용 나무뿌리를 푹 고아 마시면 최고의 치료제가 된다.

할머니들이 호리병에 우유를 담아와 건네주었다. "병 다 고치고서 새 힘 얻어 오라"며 격려해 주었다. 따뜻한 사랑에 가슴이 찡, 마음이 울컥했다.

한국에 도착했다. 선교사 할인 혜택이 있는 명지병원에 입원해 여러 검사를 받았다. 코뼈만 부러진 줄 알았는데, 안구를 받치는 외벽이 부서졌다고 했다. 그대로 두면 눈이 함몰될 수 있고, 코뼈 역시 치료하지 않으면 축농증이나 비염 등의 질병이 생길 수 있다고 했다. 거기에 머릿속 출혈까지 있었다. 그냥 두면 돌연사가 발생할 수 있는 위험한 상태였다.

월요일, 수술을 위해 의사가 병실에 왔다. "입원하실 때 사고 난 날이 7월 11일이라고 하셨는데, 사실은 6월 11일이네요."

의사는 다친 지 채 일주일이 지나지 않았다고 생각해 수술을 계획했던 것이었다. 그런데 한 달이나 지난 상황임을 알자 수술은 불가능하다고 했다. 부서진 코뼈가 굳을 때까지 5~6개월을 기다려야 했다. 그런 후 다시 코뼈를 깨서 성형하는 수밖에 없다고 했다. 그런 성형은 비보험 수술이라고 덧붙였다. 매우 당황스러웠다.

잠시 후 전공의가 와서 전한 말은 더 충격적이었다. 환자가 사고 난 달을 계속 7월이라 착각하고 머릿속 출혈도 보이니 인지 검사와 뇌 촬영을 해야 한다고 했다.

탄자니아에 있는 남편에게 전화했다. 엉엉 울었다. 그런데 남편은 "수술 안 해서 다행이야"라는 다소 엉뚱한 말을 했다. 코뼈가 부러졌을 때도 "결혼도 했고, 이제 더는 예뻐질 필요 없으니 그냥 살면 되겠다"라고 했다. 서러운 마음에 병실이 떠내려가도록 소리내 울었더니 의사와 간호사가 달려왔다. 남편한테 받을 위로를 착한 의료진들에게 받았다. 사고 이후, 누가 살짝만 건드려도 자꾸 눈물이 났다.

사고가 있던 날 아침, 나는 몸 상태가 좋지 않았다. 그래서 남편에게 신학교 강의를 휴강하고 운전해 줄 것을 부탁했다. 그러나 남편은 빠질 수 없다며 혼자 다녀오라고 했다. 이후 사고 소식을 들은 남편은 많이 미안해했다. 그런데도 그는 특유의 아저씨 유머로 심각한 상황을 넘기려 했다.

"배경식 때문에 신학교 피해가 막대하네. 배경식이 맡은 강의가 취소되었으니 말이야."

 ## 주술 행위로 사역자가 징계받다

　이사야 전도사에게 문제가 생겼다. 그는 조상 대대로 주술 행위를 하는 가문 출신의 사역자이다. 몇 달 전부터 이사야가 주술 행위를 한다는 소문이 돌고 있었다. 그러나 내가 직접 본 것도 아니고, 당사자에게 들은 것도 아니었기에 신중하게 접근하고자 했다.

　어느 날, 나이보르소티교회 담임 전도사인 디모데오가 찾아왔다. 모란(Moran, 전사)에게서 이사야가 주술을 한다는 말을 듣고 직접 그의 집을 찾아갔는데, 문을 잠근 채 점을 치는 모습을 보았다고 했다.

　이상했다. 문이 잠겨 있었다면 그 안에서 무엇을 하는지 어떻게 보았다는 말인가. 진위를 확인하기 위해 지방회를 소집했다. 이틀간 평신도 대표들, 사역자들과 회의를 했다. 직접 본 사람이 없고, 이사야 본인도 완강히 부인하는 상황에서 쉽게 결론을 내릴 수 없었다. 그렇다고 아무 일 없던 것처럼 넘기기에는 이미 지역에 소문이 파다했고, 그의 집안이 대대로 내려온 주술사 가문임은 부인할 수 없는 사실이었다.

　결국 나는 이사야 전도사에게 교회 사역을 중단하고 신학교로 돌아와 말씀과 기도에 전념하라고 권고했다. 그는 두 달 뒤면 신학교를 졸업하는데, 이번 일로 인해 일 년을 더 공부해야 하는 상황이 되었다. 그럼에도 그는 이 결정을 순순히 받아들였다.

　많은 생각이 스쳐 지나갔다. 내가 내린 결정이 옳은 것인지, 선교사로서 올바른 판단을 한 것인지 자신이 없었다. 나망가 국경 지대의 나무밑교회를 담당하는 전도사가 조심스레 말을 했다.

　"마사이족이 사자를 잡을 때 사자에게 먼저 다가가지 않습니다. 사자가 나올 때까지 기다렸다가 사냥을 합니다. 빛은 반드시 어둠을 이깁니다.

만약 이사야가 악한 영에 사로잡혔다면 언젠가는 본색을 드러낼 것입니다. 확실한 증거가 있을 때까지 기다리시지요. 우리가 먼저 움직이면 오히려 감리교단이 자기를 내쫓으려 한다며 마사이 지역에 소문을 퍼뜨릴 수 있습니다. 그러면 부족을 보호하는 마사이족의 특성상, 사역에 어려움이 찾아올 수 있습니다."

나는 그의 말에 깊이 공감했다. 이사야를 퇴회시키지 않고 신학교로 불러들였다. 마사이라는 광야에서 악한 영에게 시험받았다면, 이제 신학교라는 훈련의 장에서 성령 충만하도록 기회를 주고자 했다.

신실한 현지 목회자를 만나 함께 사역하는 것은, 선교사에게 주어진 가장 큰 복 중의 하나이다. 그러나 필요하다고 해서 급하게 사람을 세우는 일은 경계해야 한다. 진정한 소명을 받은 현지인을 발견했다면, 시간과 정성을 들여 말씀 위에 세워지는 목회자로 양성해야 한다. 그것이 진짜 선교이고, 교회를 든든히 세우는 길이다.

 **교회가 아닌 잔칫집에서의 주일예배**

마사이 교회에는 두 명의 여성 사역자가 있었다. 한 명은 읽고 쓰기가 어려운 렌지교회 전도사를 돕는 사역을 맡았고, 다른 한 명은 나이보르소티교회 담임 전도사로 임명했다. 남성 중심의 조직 문화와 성차별이 있는 마사이 공동체에서 여성이 담임 사역자가 된 일은 매우 이례적이었다. 그러나 여성 선교사의 리더십을 경험해 온 마사이들은 이노티 전도사를 받아들였다.

나는 이노티가 사역하는 나이보르소티교회로 주일예배를 드리러 갔다. 언제나처럼 예고 없이 찾아가 말씀을 전했다. 교회와 목회 현장을 알고자 미리 방문 일정을 알리지 않는다.

교회에 들어서니 철문 한쪽이 떨어져 있고, 바닥의 시멘트는 갈라지고 깨져 있었다. 또 20개의 장의자가 하나도 보이지 않았다. 예배 시간이 가까웠지만, 성도들은 물론 담임 사역자인 이노티조차 교회에 없었다. 무슨 일인지 알 수 없어 알고 있는 전화번호로 통화를 시도했다. 전화를 받은 집사님에게 교회에 왔다는 말은 하지 않고 이노티 전도사 좀 바꿔 달라고 했다. 집사님은 자신은 지금 동네 잔칫집에 와 있고, 이노티 전도사는 교회에서 예배를 인도하고 있다고 했다. 그런 그에게 큰 소리로 "내가 지금 교회에 와 있다!"고 말했다. 깜짝 놀란 집사님은 전화를 그냥 끊어버렸다.

나는 전화기를 내려놓고, 깨진 시멘트 바닥에 무릎을 꿇고 강대상 앞에 머리를 박았다. "아버지, 아버지! 하나님 아부지~~~이!" 크게 부르짖으며 하나님을 찾았다. 그 후 통곡이 터져 나왔다.

남편과 딸아이를 케냐로 떠나보낸 지 얼마 되지 않은 때였다. 비자까지 빼앗긴 채 마사이 땅에 홀로 남아 교회를 지켜왔는데… 이게 뭐냐 하는 탄식이 나왔다. 마사이 성도들은 보이지 않는 하나님보다 할례식 후 보암직하고 먹음직스러운 음식이 차려진 잔치를 선택했다.

내가 울며 기도하고 있을 때, 이노티 전도사가 성도들과 함께 헐레벌떡 교회로 들어왔다. 청년들은 무거운 장의자를 어깨에 짊어진 채 땀을 뻘뻘 흘리며 달려왔다. 장의자를 메고 울퉁불퉁한 흙길을 뛰어왔을 모습에 눈물이 났다. '이들은 무엇 때문에 교회로 돌아왔을까? 선교사 때문에? 하나님 때문에?' 나는 믿는다. 그들 안에 살아 계신 하나님이 계심을 믿는다. 그래서 선교사의 말 한마디에 마음을 돌이켰다고.

이노티 전도사는 예배 시간을 조금 늦췄을 뿐이라며 변명을 늘어 놓았다. 나는 그런 그를 나무라지 않았다. 대신 벌떡 일어나 외쳤다.

"우리 다 같이 잔칫집에 가서 하나님께 예배를 드립시다!"

어린 시절, 동네에 경사가 나거나 초상이 나면 온 동네 사람이 그 집에 모여 함께 음식을 준비하며 며칠씩 끼니를 해결했다. 마사이 잔치도 그런 것이다. 배고픈 이들이 유일하게 배불리 먹을 수 있는 날이다.

나이보르소티 동네 잔칫집에서 주일예배를 드렸다. 성도들과 예배를 드리니, 믿지 않는 마사이 이웃들도 따라서 찬양과 기도를 하며 말씀을 들었다. 진짜 큰 잔치는 천국잔치다. 주님 앞에 무릎 꿇는 예배야말로 우리가 진정 배불리 먹을 수 있는 은혜의 밥상이다.

 **키모쿠와 동네 이장이 무릎 꿇다!**

　다음 날 있을 세례식을 준비하며 판다엘 전도사, 사무엘 전도사와 함께 예식 순서와 세례 터의 물 깊이와 안전을 점검하고 있었다. 그때 지나가는 동네 이장을 만났다. 이장은 마사이 보마(Boma, 집) 10군데를 관리하며 마을의 대소사를 결정하는 마을의 대표이다. 각 마사이 동네에서 이장의 권위는 절대적이다.

　키모쿠와 동네 이장은 키모쿠와교회 조쉬아 집사님의 동생이다. 최근 이장이 교회 땅과 유치원 부지의 소유권이 지역에 있다며 사무엘 전도사를 힘들게 하고 있었다. 그는 가끔 교회에 나와 예배를 드렸고, 키모쿠와교회의 첫 세례식에서 반드시 자신도 세례를 받겠다고 했었다. 그런데 세례 교육을 받아야 세례를 받을 수 있는데, 그 명단에 이장의 이름이 없었다. 그의 이름이 없는 것에 의아해하던 차에 이장과 마주친 것이다.

　나는 그의 길을 막아서고 물었다. "내일 세례식이 있는 거 알고 있나?" 그는 고개를 끄덕였다. 그럼 세례를 받느냐고 물었더니, 안 받겠다고 했다. 나는 그에게 말했다.

　"마을 대표라는 사람이 예수를 믿는다고 하면서 세례도 안 받겠다 하고 또 교회를 힘들게 하면 되겠나? 이장의 자리는 마을을 섬기라고 주어진 것이지, 대접받고 하나님의 일을 훼방하라고 주어진 자리가 아니다. 예수님이 주시는 지혜로 마을을 이끌기 바란다."

　그러고는 그의 눈을 똑바로 쳐다보며 말했다.

　"피카 마코티(Piga magoti)! 꿇어, 무릎!"

　무엇에 홀린 듯 이장은 순순히 흙바닥에 무릎을 꿇었다. 이때다 싶은 마음에 그의 머리에 손을 얹었다. 다른 한 손으로는 그의 가슴을 붙잡고 기도했다. 여자 목사가 자기 머리에 손 얹는 것을 거부하지 않고 고분고분 무릎 꿇는 모습이 놀라웠다. 이어 그는 세례를 받겠다고 고백했다. 성령의 놀라운 역사가 일어났다.

나는 사무엘 전도사에게 밤을 새워서라도 키모쿠와에게 세례 교육을 시키라고 했다. 이 소식을 들은 사무엘 전도사와 판다엘 전도사는 "아멘! 아멘!" 외치며 기뻐했다.

이장이 교회와 사역자를 괴롭힌다고 하소연했을 때, 나는 사무엘 전도사에게 말했다.

"미워하지 말고 포기하지도 말며 대적하여 싸우지도 말라. 그는 마을의 대표이고, 당신은 하나님이 보내신 대표이다. 기죽지 말고 용감하게 때를 기다리며 사역하라."

많은 이들이 지켜보는 가운데 이장이 세례를 받았다.

마사이에서 여자는 남자에게 종속된 재산과 같다. 심지어 소보다도 못한 존재로 취급받는다. 그런 땅에서 여성 선교사로 살아간다는 것이 결코 쉽지 않다. 그러나 하나님께서 부여하신 권위로 복음을 전하니, 그 땅에도 놀라운 열매가 맺힌다.

 **선교차량을 도난 맞다**

별일을 다 겪었다. 만 5년 동안 차 없이 걸어서, 버스 타고 오토바이 타고 또다시 걸어서, 깊고 깊은 마사이 교회에 다녔다.

선교 보고를 위해 처음으로 간 교회에서, 나도 모르게 그냥 사탕 말고 눈깔사탕만치 큰 바퀴를 가진 선교차량을 달라며 하나님께 하소연했던 이야기를 나눴다. 정말 아무 생각 없이 툭 튀어나온 말이었다. 그런데 그 말에 귀 기울인 교회에서 추수감사절을 맞아 선교차량을 마련해 주었다. 일본에서 직수입한 10년 된 차량은 중고차보다 새 차에 가깝다. 나는 선교차량에 '당당한 프라도'라는 이름을 붙여 주었다. 아침마다 프라도의 운전대를 잡으며 차량을 마련해 준 후원교회를 위해 기도했다.

당당한 프라도를 만난 지 11개월째, 어처구니없는 일이 벌어졌다. 안전하다고 세워둔 주차장에서 차량을 도난당했다. 주차장의 경비원과 도둑들이 짜고 '당당한 프라도'를 몰고 사라졌다. 열쇠도 없이 어떻게 가져갔는지 궁금했다. 도둑이기에 가능한 일이었다.

사방팔방에서 동시다발적으로 날아오는 펀치를 맞는 기분이었다. 그토록 원했던 선교차량이 내 곁을 떠나고, 남편도 케냐로 떠나고, 하나뿐인 딸아이까지 남편과 함께 떠나보내며 마음 깊이 새긴 것이 있다. '원래 내 것은 아무것도 없다.' 세상의 삶조차 결국 내려놓아야 할 여정이라는 것을 말이다.

다양한 이별을 통해 난 자유하기로 했다. 그래서 하나님의 선교가 자유롭고, 사람에게서 자유하며, 물질에서도 자유하다.

"또 자기 십자가를 지고 나를 따르지 않는 자도 내게 합당하지 아니하니라 자기 목숨을 얻는 자는 잃을 것이요 나를 위하여 자기 목숨을 잃는 자는 얻으리라."(마 10:38~39)

 ## '은가랴 나이보' 동네의 전도 여행

2013년 6월, 은가랴 나이보라는 큰 마사이 마을로 전도 정탐 여행을 떠났다. 이곳은 누카 사역자의 말대로 영적으로 무질서한 지역이었다.

해 질 무렵, 마을의 유일한 식수처에서 200실링(150원)을 주고 20리터의 물을 구입하는 광경을 보았다. 파이프관에서 나오는 물을 받아가는 모습은 마사이 동네에서 흔치 않은 장면이다. 그래서 사진 촬영이 가능한지 물었다. 촬영해도 된다는 대답을 들었다.

이때 한 마마가 내게 질문을 던졌다.

"그런데 당신은 이 사진을 어느 나라에 보내 돈(후원)을 받을 건가요?"

나는 당황했다. 그리고 미안해졌다. 그녀는 외국인인 내가 사진을 찍어 판매한다고 여겼다. 판매 수익금으로 마을에 필요한 것을 채워주고, 지원받는 그 모습을 찍어 또 돈을 번다고 생각했다. 은가랴 나이보에는 NGO 단체들의 지원을 받아 세운 학교와 병원이 있었다.

가난과 장애로 힘든 삶을 사는 이들의 모습을 적나라하게 보여주는 빈곤 포르노 사진이 비난을 받고 있다. 그런데 나 역시 선교지에서 사진을 찍고 있다. 찍어야 할 수많은 이유가 있다. 하지만 나는 가능한 상대방에게 동의를 구하고, 되도록이면 행복한 성도들의 모습을 담으려고 노력한다.

나는 마마에게 내 소개를 한 후, 사진을 찍지 않겠다고 했다. 그리고 미안하다고 사과했다. 그러자 마마는 괜찮다며 사진을 찍으라 했다. 스마트폰이 아닌 카메라로 사진을 담던 시절이었기에 조심스레 카메라를 켰다. 그 순간 카메라 배터리가 "삐리리~" 소리를 내며 꺼져버렸다. 다행이었다.

은가랴 나이보의 사역은 전반적으로 무질서해 보였다. 교회는 있지만 영적 혼란이 심했다. 어떤 열정적인 성도는 신학교 교육 과정 없이 스스로 목사라 칭하며 교회를 섬기고 있었다. 일부 외국 선교사들은 탄자니아 아루샤나 케냐 나이로비에 거주하면서, 일 년에 한두 차례 이 지역을 방문해 현지인에게 돈을 줘 교회 건물을 짓게 한 후, 사진만 찍고 돌아간다고 했다. 그들에게 선교사는 복음을 전하는 사람이 아닌 필요를 채워주는 후원자일 뿐이었다. 참 안타까운 현실이다.

며칠간 마을을 걸으며 집집이 방문했다. 밤에는 마을 구석구석을 돌며 현장을 살폈고, 그 과정에서 마을 이장을 만났다. 이장은 누카 전도사에게 이렇게 말했다.

"코리아에서 온 그 여자 목사가 차 없이 동네를 다니다니, 정말 용감해!"

대부분의 서양 선교사들은 은가랴 나이보에 올 때 먼지를 일으키며 큰 차를 타고 들어와, 땅도 밟지 않은 채 학교를 둘러보고 돌아간다고 했다. 차도 없고 온종일 걸어다니며 사람들을 만나는 내가 은가랴 나이보 사람들에게 매우 신선하게 느껴졌던 것이다.

아무 생각 없이 걷다가도 사람들의 삶을 직접 마주할 때면, 가슴이 시리고 아프다. 하나님이 원하시는 뜻을 따라 오늘도 이 길을 걷는다.

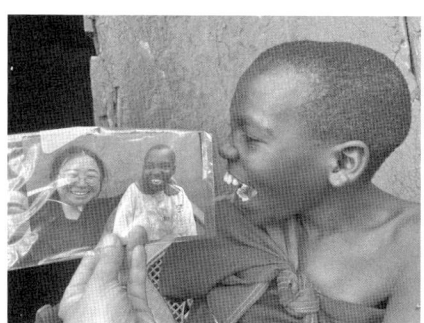

 ## 코끼리를 잡고 사자를 잡았다고 뻥치다

　마사이 광야를 걷거나 오토바이를 타거나 차를 운전할 때 나는 거의 혼자 다닌다. 그러다가 화장실이 급하면 적당한 곳에서 볼일을 해결한다. 한번은 운전 중에 사자 두 마리를 만났다. 길가에 누워 있던 사자를 보고도 나는 누가 큰 돌덩이를 가져다 놓은 줄 알았다. 가뭄에 먹이를 찾아 이동하다가 지친 늙은 사자 두 마리였다.
　새로운 마사이 동네에서 전도 여행을 할 때였다. 동행한 사역자들이 집회를 인도할 때, 나는 낯선 동네가 궁금했다. 그래서 마을을 둘러봤는데 그만 길을 잃고 말았다. 어둠이 점점 내려앉고 있었다. 바로 그때 긴 칼을 손에 쥐고 창을 어깨에 멘 청년 몇 명이 내 쪽으로 걸어왔다. 창끝에는 피가 뚝뚝 떨어지는 고깃덩어리가 매달려 있었다.
　씩씩거리며 점점 가까이 다가오는 청년들의 모습에 순간 두려움이 엄습했다. 난 여자, 외국인, 혼자였고, 저쪽은 아무 여자를 건드릴 자유가 있는 남자, 청년, 여러 명이었다. 먼저 인사를 건네 기선 제압을 해야겠다는 생각이 들었다. 큰소리로 인사를 건넸다.
　"엔가찌 앙?(집으로 돌아가는 중이냐?)" 하고 묻자 그들도 "엔가찌 앙"이라고 대답했다. "너는 어디 가냐?"고 묻기에 "마페 카니사(교회 간다)"라고 답했다.
　마사이족에서 여자는 나이와 상관없이 할례받은 남자에게 먼저 말을 걸지 않는다. 어떤 여자가 혼자 어슬렁거리며 다니는 것도 이상한데, 말을 건네며 인사까지 하니 당황한 듯 보였다. 그러더니 묻지도 않은, 창에 꽂힌 고깃덩어리에 관해 이야기를 했다. 오늘 자기들이 사자를 사냥했고, 동네에 나눠 주고서 집으로 돌아가는 길이라고 했다.

마사이에서는 사자를 잡아야 진짜 사나이로 인정받는다. 지금은 사자 사냥이 금지됐지만, 마사이 청년들은 암암리에 사자를 사냥하며 용맹함을 과시한다. 그것이 진정한 어른으로 인정받는 통과의례이기 때문이다.

청년들이 알려준 길을 따라 무사히 마을로 돌아올 수 있었다. 그런데 사자를 잡은 용사가 나오면 동네가 떠들썩한 법인데, 웬일인지 동네가 조용했다. 그래서 동네 사람들에게 물었다.

"오늘 이 마을에 용사가 나왔다면서요?"

"사자는 무슨~ 사자가 아니라 코끼리를 잡았어요."

피식 웃음이 나왔다. 코끼리를 잡은 청년들이 사자를 잡은 것처럼 허풍을 떨었던 것이다.

두려움을 감추기 위해 큰소리로 먼저 말을 걸었던 나, 사자를 잡았다고 허풍을 떤 마사이 청년 모란, 우리는 서로에게 센 척하며 뻥을 친 것이었다. 나도 뻥치고, 마사이들도 뻥쳤다.

하나님은 다 아신다. 누가 진짜이고, 누가 거짓인지 다 아신다. 하나님을 속일 수 있는 자는 없다. 하나님과 사람 앞에서 거짓 없이 진실한 선교사가 되고자 다짐하게 된 사건이었다.

# 과부 여선교회 회장의 임신과 사산

엔키카렛교회에 과부 막달레나 집사님이 있다. 막달레나는 여선교회 회장으로서 누구보다 열심히 교회를 섬겼다. 그런데 그녀의 배가 천으로 가렸는데도 눈에 띄게 불러 있었다. 과부가 애를 밴 것이다. 마사이 여성들은 남편 없이도 다른 남자를 통해 임신이 가능한 것을 알고 있었지만, 막상 눈앞에서 그런 현실을 마주하니 당황스러웠다.

당황하는 내 모습에 막달레나 역시 당황하며 부끄러워했다. 주변에 있던 여성도들은 그런 우리의 모습을 보며 깔깔댔다. 그 웃음에 나도 웃음이 났다. 마사이에서 아이는 하나님이 주신 축복이며, 가정의 재산이고, 목축 생활에 필요한 노동력이다. 과부가 임신해도 비난받을 일이 아니었다. 나는 막달레나의 배에 손을 얹고 기도드렸다. 건강한 출산을 위한 기도를 마치자 뱃속 아이의 발길질이 전해졌다. 따뜻한 순간이었다.

부활절 후, 한국에서 열리는 연회 참석을 위해 출국할 예정이었다. 막달레나는 내게 언제 돌아오느냐고 물었다. 한 달 후에 돌아와 교회에 방문하겠다고 했다. 그때 꼭 자기 집에 심방 와 달라고 부탁했다. 나는 줄줄이 있는 자식들을 돌봐야 하는 그녀의 삶의 무게를 생각했다. 적지만 식량 구입에 사용할 돈을 건냈다.

한국에서 돌아왔을 때 가장 먼저 막달레나의 출산 소식을 물었다. 막달레나가 사산했고, 아기집이 제대로 제거되지 않아 한동안 병원에 입원했다가 최근 퇴원했다는 소식을 들었다.

기도해 주었던 아이, 손을 얹자 힘차게 발길질하던 그 아이가 세상 빛을 보지 못하고 죽다니 가슴이 아팠다. 이곳에서는 아기나 산모가 출산 중 사망하는 일이 많다. 그런 상황에서도 막달레나가 살아남은 것이 감사했다.

그런 막달레나의 큰아들이 엔키카렛 동네에서 친구들과의 다툼으로 인해 독살을 당했다. 그 사건 이후 막달레나는 엔키카렛 동네를 떠나 롱기도로 이주했다. 그녀는 롱기도교회에서 기도하고 찬양하며 여전히 하나님의 교회를 섬기고 있다. 롱기도교회 성도들은 그녀의 삶을 보고 도전받았다.

그녀의 삶은 분명 하나님의 은혜 안에서 머물러 있다. 전도부인 훈련과 평신도 지도자 목요성경학교에서 훈련받은 막달레나는 키모쿠와 에발린과 함께 2024년에 신학교에 들어가 사역자의 길을 걷고 있다.

인간은 참 알 수 없는 존재이다. 인생 또한 어디로 흘러갈지 아무도 모른다. 하지만 그 끝이 주님 품이라면 우리는 부끄럽지 않게 그 길을 가야 한다. 오늘도 그렇게 기도하며 살아간다.

 **토모이의 간청**

나이보르소티교회에 갔다. 그곳에서 교회의 장로님인 요하나의 아들 토모이를 만났다. 토모이는 가방을 메고 교회로 향하는 나를 보자마자 달려와서는 가방을 들어주겠다며 빼앗아갔다. 괜찮다고 했지만 가방을 멘 아이는 신이 났다.

토모이는 롱기도초등학교 6학년에 재학 중이다. 기숙학교가 아니라서 매일 걸어서 왕복 20km를 통학하고 있다. 그는 무거운 고무 폐타이어로 만든 마사이 오리지널 신, 슬리퍼를 신고 있었다. 그 신은 흙길과 모래 위를 걷기에 적합하지 않다. 마른 다리에 힘을 주면서 걸어야 제대로 걸을 수 있는 신이다. 그런 신을 신고 걸으며 자신의 이야기를 들려주었다.

"목사님, 아버지께 내일 저를 꼭 교회에 데리고 간다고 말해 주세요."

이유를 묻자, 주말에 하루 종일 목동 일을 하느라 교회에 나가지 못하고 있었다. 학교에 다니는 마사이 아이들은 주중에 목동 일에서 배제된다. 대신 주중에 목동 일을 한 아이들과 교대하여 주말에 밀린 목동 일을 해야

한다. 이런 연유로 토모이는 초등학교에 입학한 뒤로 주일 예배를 드린 적이 없다고 했다. 아이의 말에 마음이 먹먹했다.

"아니, 마사이 어른들은 목동 일을 왜 어린아이들에게 시키는지 모르겠다."

토모이는 배 목사님이 아버지께 부탁하면 교회 나오는 것을 허락하실 것이라며 신신당부했다. 나는 토모이의 간청대로 아이의 아버지인 요하나 장로님의 허락을 받아 토모이를 교회에 데려올 수 있었다. 그날 이후 토모이는 교회의 아이로 성장할 수 있었다.

이런 일들로 인해 롱기도 지역에 데이케어센터(daycare center)를 열고 싶은 마음이 생겼다. 어린이들을 지도하고, 먼 지역 학생들을 위해 숙소로 제공하고, 하나님을 예배할 수 있는 곳이 필요했다. 다음 세대를 위한 일이기에 망설일 이유가 없었다. 그래서 선교사만의 리그가 아닌, 아이들의 신앙 교육을 통해 현지인이 현지인에게 복음을 전하는 바통 터치(baton touch)가 이루어지길 바라며 오래도록 기도중에 있다.

눈 먼 할머니의 고백

소똥으로 만든 집 안에서 불을 지펴 차이를 끓이거나 음식을 하는 마사이들에게 눈 질환이 심각하다. 결국 눈이 보이지 않게 되어 사람이 끌어주는 막대기 끝을 잡고 교회에 나오는 어른들이 많다.

요하나 장로님 가정에서 민박을 했다. 다음 날, 아침 일찍부터 심방하느라 피곤했지만 꼭 다녀와야 할 할머니 집이 있었다. 할머니 댁을 알고 있는 토모이와 함께 길을 나섰다. 길은 움푹 움푹 패이고 바람에 흙먼지가 일어 도통 앞을 볼 수 없었다. 한참을 헤맨 끝에 할머니의 보마에 도착할 수 있었다.

할머니는 보지 못하는데, 딸이 끌어주는 막대기 끝을 붙잡고 왕복 10km를 걸어 교회에 나온다. 비장애인도 한 시간 넘게 걸리는 거리인데, 그 길을 못 보는 할머니가 걸어오시는 것이다.

집에 도착해 "할머니(koko)" 하고 부르자, 내 목소리를 알아들은 할머니가 깜짝 놀라며 밖으로 나와 맞아 주셨다. 할머니는 시력을 상실하기 전까지 왕복 25km 떨어진 롱기도 마을까지 걸어가 예배를 드렸다고 했다. 눈이 완전히 멀게 된 뒤로 혼자서 예배를 드리며 나이보르소티 동네에도 교회가 세워지기를 기도하셨다고 했다.

하나님은 할머니의 간절한 기도에 응답하셨다. 2008년, 나이보르소티에 나무밑교회가 시작되었다. 나무밑교회를 방문할 때마다 예배의 자리를 지키는 할머니를 만날 수 있었다. 할머니는 앞을 볼 수 없어 교회에 오는 것이 힘들지만, 성도들과 함께 찬양하고 기도하며 하나님께 예배하는 것이 '축제'라고 하셨다. 할머니에게 예배는 삶의 축제였다.

그리고 나무 밑에서 예배를 드리던 나이보르소티교회는 2011년 1월 23일에 후원교회를 통해 성전을 봉헌했다.

 ## 오랜 친구, 백세 할아버지의 세례

    2024년 12월, 오랜 친구 백세 할아버지가 세례를 받았다. 그는 롱기도 마사이 지역에서도 손꼽히는 나이 많은 원로시다. 2010년 엔훠르엔데게 교회가 나무 밑에서 예배를 드릴 때부터 지팡이를 짚고 교회에 나와 예배를 드렸다. 어린 코리아 여자 목사를 신기해하면서도 친구처럼 대해주셨고, 할아버지 덕분에 좋은 위치에 교회 부지를 마련할 수 있었다.
    세월이 흘러 할아버지는 실명되었고, 거동이 불편해지면서 더는 교회에 나오지 못하셨다. 그 후 오랜 시간이 지났다. 그러던 어느 날 핸드리 전도사가 할아버지가 곧 세상을 떠나실 것 같다며 '음충가지 나마야니 배(배목사)'를 찾으신다고 했다. 찾는 이유는 내게서 세례를 받고 싶다는 것이었다.
    몇 해 전, 할아버지의 막내아들이 케냐 국경 근처에 교회를 개척했다. 나는 할아버지가 10년이 넘도록 우리 교회에 나오지 못했고, 아들이 목사가 되었다고 하니 아들에게 세례를 받으시라고 전했다. 그런데 할아버지는 자기 아들은 신학교를 나오지 않은 가짜 목사라며 진짜 목사인 나마야니를 찾는다고 했다.
    다음 날, 가짜 목사라는 말을 들은 할아버지의 막내아들이 직접 찾아왔다. "아버지께서 진짜 목사인 '음충가지 나마야니'를 모셔와 세례를 받게 해달라고 하셨습니다." 나는 아버지의 말을 그대로 전한 그의 고백에 마음이 뭉클해졌다. 할아버지는 볼 수 없었지만, 마사이를 떠나지 않고 계속 사역하는 내 소식을 듣고 있었다. 그리고 그런 나를 부끄럽게도 높이 평가하셨다.
    주일예배를 마친 뒤, 목회자들에게 연락했다. 그리고 연말과 신년을 앞두고 예배와 여러 행사가 있어 할아버지의 세례 집례를 연초로 계획했다. 그날 밤 꿈인지 환청인지 분간할 수 없는 가운데 누군가 내게 "할아버지가 돌아가셨다"고 전해주었다. 정신이 번쩍 들면서 깼다. 세례식을 미룬 것을 자책했다. 피곤하다며 쉬고자 했던 자신을 책망하며, 곧장 목회자들에게 연락해 할아버지의 병상 세례식을 진행하기로 했다.

다음 날 목회자들과 함께 할아버지 댁에 갔다. 집에 누워 계실 줄 알았던 할아버지는 뜻밖에도 나무 밑에 앉아 계셨다. 자녀들은 전날까지만 해도 꼼짝없이 누워 계셨던 분이 세례받는다고 벌떡 일어나 목사님을 기다렸다고 했다. 쇠약해질 대로 쇠약해진 할아버지는 말씀을 잘 못하셨지만, 얼굴에는 환한 빛이 돌았고 목소리에는 힘이 담겨 있었다. 세례를 마치고 나는 웃으며 말씀드렸다.

"할아버지, 앞으로 10년은 더 사실 것 같아요."

할아버지는 자녀들이 준비한 슈카(마사이 천)를 선물로 주셨고, 우리는 함께 따뜻한 차이를 마셨다. 다시 뵐 수 있을지 알 수 없었기에, 나는 그분께 축복을 받고 싶었다.

성부 성자 성령의 이름으로 할아버지의 세례를 집례한 나는, 백발의 노인 앞에 내 머리를 조아려 백발의 노인이 비는 축복의 기도를 받았다. 하나님의 은혜를 다시 한번 느꼈다.

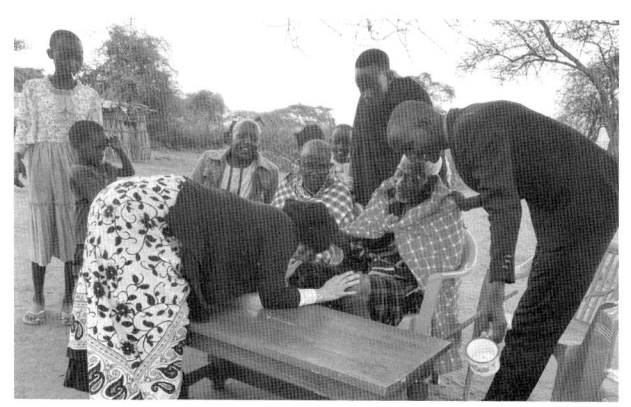

 **자주 혼절하던 모세, 청년이 되다**

2016년 3월 어느 주일 아침, 바바 모세(모세 아빠)가 찾아왔다. 모세가 아파 국립병원에 가야 하는데, 필요한 치료비 20만 실링 중 5만 실링밖에 없다며 도움을 청했다. 모세가 한 달째 학교에 가지 못하고 있다는 소식을 들어 알고 있었다. 낮이면 교회 안을 서성이며 전도사 일을 도와주었기에 큰 병은 아닐 거라 여겼다.

바바 모세에게 렌지교회에서 주일예배를 드려야 하니 다녀와서 이야기하자고 했다. 차가 없던 때라 렌지교회까지 걷고, 버스를 타고, 오토바이를 타며 흙먼지를 뒤집어쓰고 다녀와야 했다. 집에 돌아온 나는 목욕을 먼저 하고 싶었다. 목욕을 핑계로 모세와 바바 모세를 기다리게 하면서, 기다리는 동안 바바 모세에게 교회 주변에 움푹 파인 땅을 메워 달라 부탁했다. 모자란 병원비를 그냥 줄 수 없어 일거리를 준 것이었다.

바바 모세에게 병원비를 건넨 후, 모세를 붙잡고 기도했다. 모세와 아빠는 킬리만자로 모시에 있는 큰 병원에 가야 했다. 그런데 기도하는 중에 모세가 스르륵 기절하듯 쓰러지는 것이었다. 나는 순간 모세가 죽었다고 생각했다. 가슴이 철렁 내려앉았다. "모세야, 모세야!" 이름을 부르며 아이를 깨웠다. 그러자 옆에 있던 바바 모세가 별일 아니라며 아이의 증상을 말해 주었다. 두 달 전부터 이렇게 이유 없이 정신을 잃었다가 조금 뒤에 깨어난다는 것이었다.

'아! 나는 내가 밉다. 이런 아이를 두고 병원비를 얼마 줘야 할지 머리를 굴리며 계산하다니, 한심하다.'

나무 그늘로 모세를 옮기고 깨어나길 기다렸다. 두려움과 안타까움에 또 기도했다. 잠시 후, 모세는 아무 일 없었다는 듯이 일어나 미소를 지었다. "웃음이 나냐!" 나는 정말 놀랐었다.

다음 날, 모세는 병원에서 피검사를 받았다. 병의 원인이 머리에 있다는데 피검사만 했다는 말에 허탈감이 들었다. 이곳에서는 약한 자가 할 수 있는 일이 많지 않다.

모세는 신앙생활을 잘하고 학교에서도 1등 하는 우등생이자 모범생이다. 어른들과 친구들, 그리고 선생님에게 사랑받는 아이다. 더욱이 선교사에게도 사랑받고 있었다. 그런 모세의 병을 두고 사람들은 악귀에 씌었다고 수군댔다. 장애가 있거나 공부 못하는 아이, 말썽 피우는 문제아의 악귀가 주술로 인해 모세와 같은 모범적인 아이에게 옮긴다고 믿었다. 그래서 악귀에 씌어 모세가 병이 난 것이라고 소문났다.

한국 의사 선생님께 물어보았지만, 검사할 수 없는 상태라 신경계 손상일 수 있다는 말만 들었다. 나는 교회 사무실을 모세가 지낼 임시 방으로 만들었다. 그리고 비타민과 철분제를 구입해 복용하게 했다. 그렇게 성전에 살면서 날마다 말씀 읽고 기도하며 1년 6개월을 지냈을 때, 더는 혼절하지 않는 건강한 아이가 되었다.

모세는 학교로 돌아가 7학년까지 마쳤다. 기숙사형 중학교에 입학해 교회를 떠나야 했을 때, 모세는 성도들 앞에서 울며 "하나님께서 저를 살려주셨습니다"라고 고백하며 감사드렸다.

모세는 할례를 받지 않았다. 할례를 받지 않았기에 마사이 전사가 되는 모란(Moran)에서의 집단생활을 하지 않았다. 전사가 되면 신앙을 지키기 어렵고 학교도 다닐 수 없기 때문이다. 그래서 모세는 또래 집단과 어울리지 못하는 신앙인의 길, 외로운 길을 걷게 되었다.

시간이 흘러 중학교를 졸업한 모세는 현재 공무원이 되기 위해 법률상 수도인 도도마(Dodoma)에서 직업전문학교에 다니고 있다. 아이였던 모세가 어느덧 청년이 된 것이다. 나는 나이를 먹고, 그 사이 이 땅의 아이들은 성장한다. 그들 모두 하나님의 은혜 가운데 건강하게 자라나길 간절히 바란다.

 **나사로 집사의 유언**

　나사로 집사님은 2013년, 오지 중의 오지라 불리는 엔가쏘라 동네에 교회를 개척한 분이다. 엔가쏘라는 주술사를 배출하는 신령한 동네로, 그만큼 깊은 지역에 위치하고 있다. 처음 이 동네를 들어갈 때 롱기도에서 오토바이를 타고 흙길을 35km 달려가, 길 없는 돌산 10km를 넘고, 다시 오토바이조차 다닐 수 없는 3km의 거리를 걸어 들어갔다.

　복음이 들어오는 것을 원치 않았던 원로들과 주술사들이 "남자도 아니고 저 여자 목사가 뭘 할 수 있겠어? 이곳은 멀고 험해서 몇 번 다니다가 그만 둘 테니 그냥 놔 두자"라고 했을 만큼 쉽지 않은 곳이었다.

　나무 밑에서 예배를 드리던 성도들은 비와 바람을 피할 수 있는 예배당을 간절히 원했다. 2년쯤 지났을 때, 나사로 집사는 언제가 되든 예배당 건축이 이루어지려면 차량이 들어올 수 있는 길을 내야 한다고 했다. 그런 뒤, 성도들을 독려해 3km 거리의 험한 산비탈에 틈틈이 맨손으로 길을 냈다.

　그리고 2016년 교회 건축을 시작했다. 건축 자재들이 험한 길을 넘어 마을에 도착하기 시작했다. 건축에 '물'이 필요했다. 마사이족은 일 년에 두 번, 우기에 내리는 비를 모아 사용한다. 집집마다 빗물 저장고를 만들어 가축과 사람들의 식수로 사용한다. 교회 건축에 그 '물'이 필요했다. 그때 나사로 집사가 자원했다.

　"제 빗물 저장고가 교회 건축하는 곳에서 제일 가깝습니다."

　나사로 집사는 교회 짓는 장소와 자신의 빗물 저장고가 제일 가깝다며 생명과도 같은 물을 성전 짓는 데 드렸다. 가축과 가족이 살아갈 물, 생명과도 같은 물을 내주었다. 그 빗물 덕에 교회 건축을 진행할 수 있었다.

교회 벽이 세워지고 지붕이 올라갈수록, 그의 빗물 저장고 물은 말라 갔다. 우기에 내려야 할 비는 오지 않았고, 결국 그의 가축들은 물을 찾아 떠났다가 거의 죽거나 병들었다. 하나님께 드린 물이 축복이 아닌 손해로 돌아왔다. 그러나 그는 원망하지 않았다. 성도들은 그 사실을 안타까워하며 가축 한 마리씩을 내주었다.

하나님은 성도들이 맨손으로 낸 그 길을 유용하게 사용하셨다. 이번에는 후원을 통해 초등학교 건축이 가능하게 되었다. 물을 하나님께 드리고도 손해를 보았음에도, 나사로 집사님은 학교 건축을 위해 다시 빗물을 내주었다. 이번에도 공사가 진행될수록 빗물 저장고의 물이 줄어들었다. 그리고 나사로 집사님도 눈에 띄게 야위어 갔다. 안 되겠다 싶어 그를 데리고 아루샤 시내 병원에 갔다. 아프리카에서 흔한 '에이즈' 보균자로 판명이 났다.

2017년부터 시작된 학교 건축은 순조로웠고, 이번에는 우물 시추 프로젝트까지 진행했다. 온 성도가 믿음으로 낸 길을 하나님께서 계속 사용해 주셨다. 그는 제대로 걷지 못하는 몸을 이끌고 오토바이에 실려 우물 파는 현장을 찾았다. 그리고 180m를 파 내려간 자리에서 물줄기가 솟구치는 감격스러운 순간을 두 눈으로 목격했다.

우물 시추를 위해서도 물이 필요했다. 대용량 발전기와 몇 만 리터 물탱크를 높이 올려야 할 건축물을 지어야 했다. 그는 또다시 모아두었던 빗물을 내놓았다. 그로부터 며칠 뒤, 나는 선교팀을 마중하러 공항에 가던 길에 목회자의 전화를 받았다.

"목사님, 방금 나사로 집사님이 주님의 부르심을 받았어요."

나사로 집사님은 세상을 떠나기 전, 자녀를 통해 내게 마지막 말을 남기셨다.

"복음이 우리 마을에 들어와 하나님을 알게 되고, 교회가 세워져 하나님을 예배하고, 학교가 세워져 아이들이 공부하며, 지하수에서 물이 터져 나오는 것을 이 눈으로 보게 하신 하나님께 감사합니다. 비록 가축을 잃고 병들어 내 생명도 주님께로 돌아가지만, 자손들과 이웃들이 하나님의 성전에서 예배하며, 학교에서 배우고, 깨끗한 물을 마시며 살아갈 것을 생각하니 기쁘고 또 기쁩니다. 나는 내 것도 아닌 하늘의 빗물을 주님께 드린 것밖에 없는데, 주님은 영원히 목마르지 않은 생수를 나와 우리 가족 그리고 우리 마을에 허락해 주셨습니다."

그의 유언은 재산에 관한 것이 아닌 하나님을 향한 감사의 고백이었다. 우리는 기도가 쌓이면 상황이 나아지리라 생각한다. 하지만 때론 상황이 더 어려워지기도 한다. 문제를 피할 기도를 드릴 것이 아니라 문제를 만났을 때 이길 믿음을 달라고 구해야 한다. 문제를 이길 믿음을 구하는 것이 진짜 기도임을, 나사로 집사님의 삶이 증명해 주었다. 어떠한 상황에서도 여호와로 인해 감사한 삶이 되길-.

124세 할아버지의 성대한 장례,
16세 소녀의 외로운 장례

나는 마사이에서 매일 죽음을 마주한다. 익숙해져서 무뎌질 법도 한데, 죽음을 마주하면 늘 슬프다. 이 땅의 사람들은 너무 쉽게, 너무 허무하게, 너무 갑자기, 너무 빨리 죽는다.

롱기도 마사이 지역에서 가장 큰 어른이자 추장인 론요키 라이저는 124세의 삶을 마치고 세상을 떠

났다. 그는 공식적으로만 18명의 아내와 216명의 자녀를 두었다. 그리고 셀 수 없이 많은 손자, 손녀들이 있다.

마사이족에는 라이저(Laizer)와 몰레(Molle)라는 두 성이 있다. 라이저 성은 롱기도 지역 토박이이며, 몰레라는 성은 다른 지역에서 이주해 온 마사이들이 사용한다. 라이저 성을 가진 그는 가문의 최고 어른이자 추장이었다. 그는 나를 항상 '음충가지 배'라고 불러주었다. 치매를 앓다가 2021년 2월, 124세의 나이로 죽었다.

마사이족은 사자를 때려잡는 용맹한 부족으로 알려졌지만, 아이러니하게도 시신을 무서워하고 두려워한다. 그래서 과거에는 사람이 죽으면 시신을 집에 두고서 새로운 곳에 소똥집을 다시 짓고 살았다. 또는 시신을 숲속에 두어 짐승이 먹도록 하는 조장(장례)을 했다. 지금은 마사이 천(shuka)으로 시신을 덮어 당일 매장한다. 시신 부패를 막기 위한 목적과 두려운 죽

음을 가능한 한 빠르게 처리하기 위해서다.

추장 론요키 할아버지의 장례는 달랐다. 보건소 의사가 와서 방부 처리를 하고, 군청 차량이 와서 아루샤 메루국립병원에 안치시켰다. 일주일 동안 마사이 지역에 부고가 전달됐고 그에 걸맞은 성대한 장례가 치러졌다.

그가 남긴 수백 명의 자녀와 손주들이 참석한 가운데 장례를 마치고 돌아오는 길이었다. 키세리안 마을 인근에서 웅성거리는 사람들 틈을 지나게 되었다. 인사를 건네며 다가갔더니, 땅을 파고 있었다. 16세 소녀가 묻힐 땅이었다. 중학교에 다니던 그 소녀는 아이를 낳다 죽었다고 했다. 다행히 태어난 아이는 건강했다.

홀로 남겨진 시신은 입던 옷 그대로, 더러운 마사이 천으로 덮여 있었다. 그 모습을 본 순간, 마음이 무너져 내렸다. 마음의 둑이 터져 울음이 났다. 이 슬픔은 소녀를 위한 것만은 아니었다. 124세를 살다간 할아버지의 성대한 장례와 아무도 울어주지 않는 16세 소녀의 장례를 마주한 나 자신을 포함한 서러움이었다.

아프리카에서는 조혼이나 혼전 임신으로 인한 출산 중 사망이 매우 흔하다. 출산이 가까운 산모가 병원에 가야 해도 병원이 너무 멀고 길도 험해 이들에겐 다른 방법이 없다. 그냥 소똥집에서 자연분만을 한다. 통곡했던 날, 내 울음소리를 들은 사람들의 수근거림이 정부에 들어갔다. 그 뒤 정부에서 키세리안에 산부인과 클리닉 병동을 세워 주었다.

병동의 벽돌이 하나씩 쌓일 때마다 나는 마음속으로 약속을 했다. '병동이 완공되면 담요를 기증하자.' 그리고 병동이 문을 열었을 때, 나는 두툼한 담요 20장을 기증했다. 개관식에 참석하여 더는 아프리카 소녀들이, 여성들이 출산 중 목숨을 잃지 않기를, 이 땅의 곳곳에 산모를 위한 클리닉이 세워지기를 우리 주님께 간절히 빌었다.

 ## '돌쇠 차량'의 임무는 막 다니는 것

집에서 5km 떨어진 시카르다 마을에 다녀왔다. 2017년에 전도 여행을 다녀온 이후, 줄곧 교회 개척 요청이 있던 곳이다. 마을 면장이 아침부터 찾아와 나를 반강제로 차에 태워 데려갔다. 나무 밑에 모인 사람들과 대화를 나누고 오후 늦게 돌아왔다.

집에 도착하니 교회 마당에 세워두었던 차에 유치원 꼬맹이들의 손자국이 가득했다. 자세히 보니 돌멩이로 그린 듯한 스크래치가 나 있었다. 아이들은 모두 돌아가고 선생님들도 퇴근한 뒤였다. 2013년에 '당당한 프라도'를 잃어버린 다음에 그 어렵다는 코로나 기간에 마련한 '돌쇠'라는 이름을 붙인 선교차량이었다.

화가 나서 혼자 씩씩거렸다. 아끼던 눈깔사탕을 빼앗긴 꼬마처럼 속이 상했다. 마음을 달래려 세 시간이나 낮잠을 잤지만, 자고 일어나도 기분이 나아지지 않았다. 케냐에 있는 남편에게 전화해 투덜거리자 그는 껄껄 웃기만 했다. 위로는커녕 더 속이 상해진 나는 케냐에서 마사이 선교를 하는 선임 선교사님에게 전화했다. 선교사님은 "남도 아니고 배경식이 가장 사랑하는 마사이 아이들이 그런 거잖아~ 그러니 어쩌겠니?" 하신다. 그 말을 듣는 순간, 생각이 달라졌다. '내가 사랑하는 마사이 아이들이 내 차에 돌멩이로 그림을 그렸지! 그래, 차에 스크래치가 좀 나면 어때! 무엇이 중한디?'

차는 고장 없이 안전하게 잘 달리면 그만이다. 가시나무가 많은 마사이 동네에서의 선교차량은 스크래치가 마구 난다. 그걸 일일이 신경 쓰면 마음이 어려워진다. 돌쇠의 임무는 가시나무 숲속을 막 다니는 것이다. 그것이 돌쇠 차량의 존재 이유이다.

 **벽에서 전기가 나온다!**

몬트리올교회의 후원으로 코로나 시기부터 해마다 마사이 교회에 태양광을 설치하고 있었다. 껌껌한 밤에 교회는 마을에 빛을 내어 준다. 충전용 이발기로 성도들의 뽀글대는 머리카락을 민다. 핸드폰 충전도 가능해졌다. 수십 킬로미터를 걸어가야 하는 마사이 성도들에게 이제 교회는 빛과 전기 충전의 공간이 되었다.

성도 가정에서 전자기기는 핸드폰이 유일하다. 마을 사람들이 교회에 와서 충전한 핸드폰을 찾아갈 때 웃음이 가득하다. 작은 휴대폰은 300실링, 큰 폰은 500실링을 내고 충전한다. 그 수익은 교회 지방회 재정과 신학생들을 위한 교통비로 사용한다. 전기가 가져다준 축복이었다.

2013년 파송교회의 후원으로 지은 사택은 2층 구조였다. 1층에는 현지 목회자와 손님용 방을, 2층에는 내 공간인 방과 부엌, 화장실을 마련했다. 생활하다 보니 불편함이 있었다. 1층에 화장실이 없고, 좁은 부엌은 가끔 찾아오는 손님들과 식사하기가 어려웠다. 이곳에서 꼬박 4년간 밤마다 촛불을 사용했다. 핸드폰은 보조 배터리를 돌아가며 사용했다.

그러다가 2017년 6월부터 태양열 판넬로 전깃불을 사용하게 됐다. 왕왕거리는 인버터 소리를 참아야 하지만, 핸드폰 충전을 위해 오토바이를 타지 않아도 돼서 참 좋았다. 하지만 전력이 약해 그 외의 전자기기는 사용할 수 없었다.

다시 시간이 흘러 엔훠르엔데게교회 태양광 설치와 함께 집에도 태양광 전력을 높이는 시스템을 보강하게 되었다. 손님이 오면 휴대폰 충전 때문에 애를 먹곤 했는데 이제 어느 방에서도 휴대폰을 충전할 수 있게 되었다. 또 집 밖과 옥상에 전구를 달아 멀리서도 교회와 집이 보이게 했다. 집

안 구석구석이 대낮같이 환해졌다. 밤의 세상이 완전히 달라졌다. 너무 신났다. 몇백만 원이면 되었을 것을, 왜 그동안 궁상맞게 미련을 떨었나 싶었다. 그러나 모든 것에는 때가 있다. 주님께서 가장 좋은 날에 가장 좋은 것을 주셨다. 이제는 벽에서 전기가 나온다.

냉장고를 사용할 수 있을 줄 알고, 소형 냉장고를 구입했다. 그런데 24시간 사용하는 냉장고는 태양광 전기로는 불가능했다. 사람들은 태양광 판넬과 배터리를 많이 설치하면 냉장고까지 사용할 수 있다고 했다. 하지만 냉장고에 들어갈 음식은 먹지 않으면 된다. 그냥 이대로 감사할 뿐이다.

어두운 밤에 자연을 벗 삼던 즐거움을 잃을까 조금 걱정도 되지만, 마사이의 밤이 도시처럼 밝아진 이 변화가 그저 놀랍고 감사할 뿐이다. 아름다운 빛 선물을 받았다. 주는 것이 복되고, 받는 것이 행복하다. 그야말로 하나님의 선물이다.

 **무슬림이 판 우물은 덮어!**

마사이 선교를 이야기할 때 빼놓지 않고 나누는 사건이 있다. 이곳은 물이 없는 지역이다 보니 지하수를 개발해야 한다. 그러나 우물 시추 차량이 들어오기에 거리가 멀고 길이 험하며 땅도 깊게 뚫어야 한다. 또 전기가 없다 보니 대용량 발전기를 구입해야 하고, 물탱크 설치와 전기 시스템 등 부대비용도 많이 든다. 이런 이유로 우물 프로젝트를 진행시키지 못하던 때에 롱기도군청에서 NGO를 통해 나이보르소티에 지하수 개발을 해 주겠다고 제안했다. 물을 파 주겠다는데 거절할 이유가 없었다.

땅을 뚫었다. 단박에 물이 쏟아져 나왔다. 그런데 NGO는 다름 아닌 이슬람 단체였다. 무슬림들이 지하수를 파 주겠다 하면 예수님 믿는 마사이들이 거절할 것이 뻔했기 때문에, 먼저 물을 파 주고 나서 자신들의 정체와 진짜 목적을 드러낸 사건이었다.

그러면서 지하수뿐 아니라 학교와 병원도 운영할 것이니 "이슬람 사원을 세울 수 있도록 땅을 달라"고 했다. 이런 무슬림들의 제안은 상당히 매력적이고 달콤했다. 선교사가 왈가불가하며 정부 일에 간섭했다가는 지역주민을 선동했다는 오해를 받으며 사역에 어려움을 겪을 수 있었다. 나는 조용히 기도하며 성도들의 결정을 기다렸다. 마사이 성도들은 이미 무슬림들의 돈 힘을 맛본 상태였다. 땅속에서 물이 솟구치는 장면도 목격했다. 우리 마사이 성도들이 어떤 결정을 내렸을까?

"덮어!!!"

그들은 이슬람 단체에게 파 놓은 우물을 덮어 놓고 떠나라고 했다. 교회가 세워진 마사이 마을에 무슬림 사원은 들어올 수 없다며, 지하수를 덮어 버리라고 했다.

이슬람 사원의 코란 소리와 교회에서 하나님 경배하는 소리 사이에서 우리 마사이들은 교회를 선택했고 그 대가로 학교, 병원, 우물을 포기했다. 그리고 자신들이 살아가는 빈 광야를 하나님 말씀의 소리로 채우기로 작정했다. 아멘! 나는 의리와 신의를 중요하게 생각한다. 그런데 마사이들은 더 신의가 있고, 믿음과 의리를 지키는 사람들이었다.

감사하게도 이 소식을 들은 후원교회에서 학교를 세워 주셨다. 덮었던 우물을 다시 팠더니 100% 물이 나왔다. 그렇게 해서 나이보르소터 지역에 우물이 생겼고, 아이들은 가까운 학교에서 공부하게 되었다.

마을의 필요보다 믿음을 우선시하고 지킨 그들의 헌신으로 인해 하나님의 축복이 그 주변과 이웃들에게로 쭉쭉쭉 흘러갔다. 그 결과 2년 사이에 4개의 초등학교가 마을 곳곳에 세워지게 되었다.

 ## 유혹에 시달리는 나이보르소티 교우들

고장 난 우물 펌프를 몇 달 동안 수리하지 못해 성도들이 물을 사용하지 못하고 있었다. 재정이 부족해 수리비를 감당할 수 없었다. 그러던 중 우물을 파 주었던 무슬림들이 다시 찾아왔다. 그들은 수리가 아닌 펌프를 가동할 수 있는 이동식 발전기를 조건 없이 사 주겠다고 했다. 이번에도 성도들은 단호했다. 염소를 팔아 천천히 수리비를 마련하겠다며 무슬림의 제안을 거절했다.

나이보르소티교회는 유난히 많은 시험을 겪었다. 거짓 선지자들도 여러 차례 들어오려 시도했는데, 성도들은 그때마다 분별하며 믿음으로 이겨 냈다. 주술을 행하는 자들이 마을을 소란하게도 했다. 교회가 세워진 후 동네 사람들이 주술에 참여하지 않고 외부의 도움도 거절하자 그들이 공격하기 시작했다. 돈벌이가 줄어든 주술사들이 분노해 사람들을 선동했고, 성도 몇 명이 폭행을 당했다. 하지만 누구도 대들거나 맞서 싸우지 않았다. 손바닥을 부딪치면 소리가 나기 마련이다. 그렇게 되면 그런 소란은 외국 선교사에게 큰 위협이 된다. 성도들이 인내로 상황을 막아 더 큰 문제로 번지지 않았다.

어느 주일에 한 마마가 예배 광고 시간에 일어나 이렇게 말했다.

"오늘 아침, 남편이 교회 가지 말고 구호 식량 받으러 가라고 했습니다. 나는 예배를 드리러 교회에 가겠다고 했더니, 저를 때렸습니다. 한 대 맞고 이렇게 교회에 나왔습니다."

다른 성도들도 어떤 교회에서 콩, 옥수수, 설탕 등을 나눠 준다는 소식을 들었다고 했다. 몇 년 전 아루샤 지역의 큰 교회 목사가 마을에 교회를 세우겠다며 땅을 기증받고자 했는데, 마을은 이를 거절했다. 그런데 그 사람이 정부 기관을 통해 다시 들어오려 하고 있었다. 교회가 필요한 다른 넓은 지역에 교회를 세우지 않고, 왜 우리 교회 옆에 세우려고 하는지 모르겠다.

나이보르소티교회는 무슬림의 유혹과 제안을 단칼에 거절했던 신앙의 의리가 있는 공동체다. 그때와 마찬가지로 불분명한 교회가 마을에 들어오는 것을 반대했다. 그런 와중에 마마가 빵의 유혹을 뿌리치고 매를 맞아가며 하나님께 예배드리러 왔다고 간증한 것이다.

마마의 간증이 끝났을 때, 장로와 남자 집사 두 명이 헐레벌떡 들어왔다. 전날 일곱 살짜리 목동 아이가 염소를 몰고 나갔다가 돌아오지 않아 밤새도록 찾고 있다고 했다. 그러다 멀리서 내 차를 보고 교회에 들어왔다며 중보 기도를 요청했다. 나는 그들을 붙잡고 간절히 기도했다. 그리고 아이가 발견되면 꼭 알려주기를 부탁했다.

그들이 성전을 나선 지 채 10분도 채 되지 않아 다시 돌아왔다. 아이를 찾던 다른 무리가 아이를 찾아 데려오는 중이라는 연락을 받았다고 했다. 할렐루야! 모두가 박수치며 기뻐했다.

어린 목동들은 방향 감각이 부족해 깊은 숲속으로 가곤 한다. 길을 잃은 아이를 빨리 찾지 못하면 굶주림과 짐승의 위협에 생명을 잃을 수 있다. 아이의 생명을 지켜주신 하나님께 감사드렸다. 우리의 기도에 응답하신 하나님께 찬양을 드렸다. 교회는 눈물과 기쁨으로 충만했다. 승리는 우리 것이다.

수줍은 아이, 렌기텡의 새 의족

깊은 숲속 키세리안에는 엔가쏘라교회와 올도뇨란다레교회가 세워져 있다. 두 교회를 오가다 보면 항상 만나는 아이가 있다. 렌기텡이다. 그는 태어날 때부터 왼쪽 다리가 자라지 않아 나무 막대기에 의지해 걷고 있었다. 장애가 있는 아이들은 언제나 무표정이다. 희망의 끈을 내려놓은 것처럼 말이다.

그 아이를 보면서 '이 아이에게 꼭 뭔가를 해주어야겠다'는 마음이 들었다. 그래서 의사를 찾아가 의논한 끝에 오른쪽 다리를 절단하고 의족을 착용하게 해주었다.

시간이 지나 청소년연합집회에 참석한 렌기텡의 얼굴에 어두운 그림자가 드리워져 있었다. 키가 자라자 의족이 맞지 않아 걸을 때마다 아팠던 것이었다. 수소문하여 렌기텡을 데리고 왕복 270km 거리의 몬둘리 의족 전문병원으로 향했다. 몇 차례의 검사 과정과 여러 번 병원을 오간 끝에 새로운 의족을 맞출 수 있었다. 쉬운 일이 아니었다. 새 의족은 딱 맞았고 무릎도 자유롭게 굽힐 수 있어 활동에 큰 도움이 되었다.

새 의족으로 교체해 주기를 세 번, 그 사이 렌기텡은 대

학교 입학을 기다리는 청년이 되었다. 청년이 된 렌키텡은 자신의 이야기를 들려주었다.

렌키텡의 아버지는 기형으로 태어난 그의 다리를 보고 저주받은 아이라며 집 안에 가둬 키웠다. 이후 동생들이 태어났고, 아버지는 젊은 나이에 세상을 떠났다. 그제야 어머니는 렌키텡을 집 밖으로 데리고 나올 수 있었다. 아버지의 죽음 후에야 아이는 세상으로 나올 수 있었다.

오랜 시간 갇혀 지낸 아이의 삶이 안타까웠다. 처음 만났을 때 어둡고 말이 없던 그의 모습이 이해되었다. 지금은 수줍어하면서도 밝게 웃는데, 그 모습을 보면 나도 모르게 웃음이 난다. 하나님의 사랑이 렌키텡의 삶에 스며든 것이다. 그 사랑으로 인해 렌키텡의 얼굴에 미소가 번졌고, 우리의 마음도 덩달아 따뜻해졌다.

3

아름다운 사람과 성전,
하나님이 세우신다

현지 교인을 존중한 '침례'

2010년 1월 17일, 남편과 선임 선교사님과 함께 엔키카렛교회에 갔다. 목사가 되고 처음으로 세례를 집례하는 날이었다. 나는 설렘과 긴장 속에서 세례식을 맞이했다.

아프리카 대부분의 교단은 침례를 행한다. 사역자들과 함께 침례와 세례에 대한 이해를 나누며, 머리에 물을 붓거나 뿌리는 예식(注, 灌)으로 세례를 간소화하기로 결정했다. 물을 구하기 어려운 마사이 지역이다 보니 몸을 완전히 담그는 침례를 행하기 어려웠다.

나는 사역자에게 세례수를 담은 세례대를 준비해 달라고 부탁했다. 세례 집례를 위해 목사 가운을 착용하는데, 사무엘 목사가 급히 들어왔다. 그는 세례 지원자 절반이 다른 교단처럼 침례를 원한다고 전했다. 당황한 나는 말귀를 알아듣지 못했고, 말귀를 알아들은 선임 선교사님은 "내 이럴 줄 알았어! 다음에 해!"라고 하셨다. 세례터에 물이 없으니 침례를 할 수 없는 상황이었다.

세례 교육 당시 겉으로는 관수례에 동의했지만, 진심은 침례를 원했던 것이다. 사역자들 역시 선교사의 눈치를 보느라 침수가 아닌 물 붓는 세례식에 동의한 것이었다. 세례 지원자 절반은 침례 외의 세례는 인정하지 않겠다는 입장이었다.

감정을 추스르지 못한 나는 선임 선교사님에게 따졌다. "왜 일방적으로 다음에 하자고 하세요? 마사이 교회 담당자는 접니다! 그냥 예정대로 세례식을 집례하겠습니다." 나는 준비한 대로 하겠다고 고집을 부렸다. 남편은 중간에서 안절부절했다. 선임 선교사님은 조심스럽게 "침례 형식이 침례교나 오순절 계통의 영향이라 할지라도, 현지 상황에 맞게 수용할 줄 알아야 한다"고 말씀하셨다. 하지만 나는 여전히 고집을 피웠다. "세례 교육을 할 때 미리 말해 주셨어야지, 왜 이제 와서 그 말씀을 해주시는 겁니까?"라며 또 대들었다. 겁도 없이 말이다. 원래 무식하면 용감한 거다. 난 마사이 선교에 무식했고, 선임 선교사님에게 예의를 갖추지 못했다.

남편과 선임 선교사님은 "그럼, 배경식 마음대로 하라"고 했다. 나는 세례를 원하는 사람에게만 세례를 베풀기로 했다. 하지만 결국 그 누구에게도 세례를 베풀 수 없었다. 세례 때문에 교회 안에 '게바파, 아볼로파, 바울파' 분열을 만들면 안 되었기 때문이다. 그날 나는 선임 선교사님께 크게 혼났다. 하지만 갈등을 통해 더 은혜로운 결정을 내릴 수 있었고, 다시 날짜를 잡아 침수 세례를 집례하기로 했다.

엔키카렛교회 세례는 연기되었지만, 그 시행착오 덕에 나이보르소티교회의 침례를 준비할 수 있었다.

세례터에 물을 가득 채우는 일도 성도들이 결정했다. 세례는 곧 '내가 죽고, 예수 그리스도와 함께 다시 태어난다'는 신앙 고백이기 때문이다. 세례식 전날, 온 성도가 머리에 물동이를 이고 당나귀 등에 물통을 가지고 와서 세례터에 물을 채웠다.

세례식 날, 28명의 성도가 한 명씩 무릎을 꿇고 물속에 들어왔다. "성부와

성자와 성령의 이름으로 세례를 주노라!" 선언하며 온몸을 물속에 잠기게 했다.

이때 세례자들은 죽음을 체험하는 듯한 패닉 상태에 빠진다. 살면서 몸을 물에 담가 본 적이 없기 때문이다. 빗물이 고인 얕은 웅덩이에서도 빠져 죽는 이곳에서 자발적으로 물속으로 들어오는 일은 죽음을 맛보는 것과 같다. 물속에 몸이 잠겼다가 나올 때 휘청거리며 고함을 지르는 이들도 있고, 머리를 사방으로 흔들며 점프하듯 물속에서 날뛰는 이들도 있다. 이들에게 침례 세례란, 자신이 죽는 순간이자 그리스도 안에 새 생명을 얻는 순간이다.

세례식을 마치고 보니 목사 가운이 흙탕물로 누렇게 변해 있었다. 평생 목욕을 한 번도 하지 못한 이들이 많아 물은 금세 오염됐다. 주일예배와 성찬식을 마친 뒤, 성도들이 준비한 염소국을 맛있게 들이켰다.

땡그랑 동전 헌금

엄마가 등에 업은 젖먹이의 손에 동전을 쥐여준다. 그리고 다시 아기의 손을 펴 헌금함에 동전을 떨어뜨리게 한다. 아기 엄마는 자녀에게 하나님께 드리는 마음을 가르치고 있었다. 헌금은 액수가 중요하지 않다. 드리는 마음이 곧 믿음이다.

마사이 교회에서는 동전 헌금을 드리는 일이 많다. 생필품을 사고파는 일이 드문 마사이 성도들은 염소를 팔아 식량을 준비하고, 그때 생긴 현금 중에서 일부를 헌금한다. 동전이 없을 때는 지폐를 헌금함에 넣고 동전으로 거슬러 아이들에게 나눠 준다. 헌금함 안에 손이 들어갔다 나왔다 해도 속임수를 써서 더 가져가는 경우는 없다. 이런 모습은 마사이 성도들의 순수한 믿음을 보여준다. 체면을 차리거나 남의 시선을 의식하지 않는다. 마음을 다해, 진실하게 주님께 드린다.

고(故) 이어령 선생님은 『지성에서 영성으로』에서 이렇게 말했다.

"의문은 지성을 낳지만 믿음은 영성을 낳는다."

마사이 사람들의 믿음은 바로 그런 영성을 품고 있다. 가진 것 없이 살아간다. 있을 때는 먹고, 없으면 굶는다. 그 단순한 삶 가운데서도 평화롭고 조화롭게 살아간다. 믿음은 이렇게 현실을 초월한 평안을 준다.

마사이 교회들은 매월 열리는 교역자 회의 때, 계수한 헌금을 가져와 보고한다. 그리고 지방회 은행 계좌에 입금한다. 후원 없이 마사이 교회와 성도들 스스로 하나님의 교회를 봉헌할 날을 기도하면서 말이다.

 ## '엔훠르엔데게나무밑교회' 개척예배

    2010년 11월 14일, 엔훠르엔데게나무밑교회 개척예배를 드렸다. 나는 낯선 동네에 교회를 개척할 때 먼저 복음을 전하고, 마을 이장과 주민들의 허락을 받은 다음, 마을에서 가장 큰 나무 밑에서 예수님을 영접한 성도들과 함께 예배를 드린다.
    나는 교회 개척에 대한 원칙을 세우고 있었다. 첫째, 길가에 교회가 보이게 개척하지 않는다. 둘째, 교회가 있는 곳에는 교회를 세우지 않는다. 셋째, 포장도로와 가까운 곳이 아닌 마사이 깊은 마을에 들어가 교회를 개척한다. "길이 협착해 찾는 이가 적지만 그 길이 생명의 길이다"라는 말씀처럼 남들이 가지 않는 길, 외면하는 길을 가고자 했다.
    엔훠르엔데게에서 만난 이장이 내게 들려준 이야기다. "몇 년 전 이곳에 무슬림들이 찾아와 사원을 짓겠다며 땅을 팔라고 요청했고, 유치원과 초등학교도 지어주겠다는 제안을 했다. 예수님을 믿지 않는 나였지만, 왠지 마음이 내키지 않았다. 그래서 마을 회의를 열어 땅을 팔지 않기로 결정했다"는 이야기였다. 그러면서 땅을 달라고 한 적도 없는데, 이장은 동네 주민들과 합의하여 8에이커(10,000평)를 기증하는 문서를 가져왔다. 마을에서 가장 좋은 위치의 땅이었다.
    교회에 대한 그림을 그렸었다. 마을에서 교회를 바라볼 수 있고, 교회에서 마을을 내려다볼 수 있는 언덕에 세우면 좋겠다고 생각했다. 그런데 놀랍게도 그런 언덕 위의 땅을 거저 주셨다. 하나님은 이렇게 교회를 세우도록 땅을 허락하셨다. 우리는 나무에 십자가를 세우고 개척예배를 드릴 수 있었다.

 ## 뜻깊은 세례식과 차박

2015년 4월, 고난주간부터 부활주일까지 가까운 교회별로 오전과 오후로 나눠 세례식을 진행하기로 했다. 세례 집례를 위해 남편 김윤식 선교사가 함께했다.

엔가쏘라나무밑교회의 첫 세례식이 부활주일 전날인 토요일 오전에 있었다. 오후에는 렌지교회 세례식이, 다음 날 부활주일에는 엔훠르엔데게 교회의 세례식이 있었다. 두 명의 사역자와 함께 동행했다. 엔가쏘라나무밑교회에는 사무엘 전도사가, 렌지교회에는 엘리야 전도사가 세례터에 물을 채우고 기다리고 있었다.

마사이의 우기는 3월 말부터 4월, 그리고 성탄절이 있는 12월에 시작된다. 이 시기에 대지는 푸르고 생기가 넘치지만, 갑작스러운 폭우로 물이 불어나면 길이 끊긴다. 평소에는 오토바이를 타고 교회에 가지만, 우기에는 조심해야 한다. 그래서 먼 곳에 있는 선교사님의 차를 빌려 가장 멀고 험한 엔가쏘라 마을에 들어갔다.

날씨가 끄물거렸지만, 다행히 비가 오지 않았다. 24명의 성도가 세례를 받았다. 성만찬 후 우리는 바로 다음 교회로 이동했다. 돌산을 넘어 키세리안 마을에 도착하니 빗방울이 떨어지기 시작했다. 비는 곧 거세졌다. 렌지교회의 세례식이 있었기에 서둘러 동네를 나와야 했다. 하지만 도랑의 물은 순식간에 불어났다. 진흙탕이 된 길에서 꼼짝달싹하지 못했다.

그곳은 작은 산으로 둘러싸인 저지대로, 핸드폰 연결이 되지 않았다. 렌지교회 성도들이 기다리고 있었지만 연락할 방법이 없었다. 비를 맞으며 여러 방법을 시도했지만, 결국 우리 네 사람은 마사이 숲속에서 하룻밤을 보내기로 했다.

다행히 비는 그쳤고, 우리는 차 안에서 날이 밝기를, 땅이 마르기를 기다렸다. 그곳은 코끼리들이 자주 다니는 숲인지라, 혹시 모를 상황에 창문을 꽉 닫고 사람 냄새가 새어나가지 않도록 조심했다. 사람 냄새를 맡은 코끼리들이 차를 공격할 수도 있었기 때문이다. 상황이 그렇다 보니 차 시동도 걸 수 없었다. 아이들에게 나눠주고 남은 과자 몇 조각으로 허기를 채웠다.

그런데 한밤중에 오토바이 불빛이 보이더니, 누군가가 우리를 향해 다가왔다. 긴장한 우리는 숨을 죽였다. 차까지 온 그 사람은 창문을 두드리며 "음충가지!"라고 불렀다. 창문을 열고 보니 엔가쏘라나무밑교회의 사무엘 전도사였다. 전화 연결도 되지 않고 렌지교회에도 나타나지 않았다는 소식을 듣고 걱정되어 우리를 찾으러 온 것이었다. 그의 따뜻한 마음에 감사했다. 하지만 다음 날 부활주일 예배를 인도해야 했기에 전도사님을 돌려보낼 수밖에 없었다. 고생은 우리만 하면 되었다. 남은 자들이 해야 할 일을 계속하는 것이 맞다 여겨졌다.

우리는 창문을 닫고 조용히 기도드렸다. 비가 더 오지 않고 다음 날 안전하게 교회로 돌아갈 수 있기를, 부활주일 예배를 성도들과 같이 드리고 세례식도 행할 수 있기를 간절히 기도했다.

부활주일 아침이 밝았다. 우리는 덜 마른 길을 뚫고 엔휘르엔데게교회로 달려가 부활주일 예배와 세례식을 감사함으로 드렸다.

치매에 걸린 할아버지의 세례

렌지교회를 섬기던 포르카 할아버지가 돌아가셨다. 그는 교회에 갈 때마다 내 손을 꼭 잡고 내 마사이 이름을 부르며 흥겨운 춤을 추곤 했다. 롱기도에서 열리는 토요 장날에 염소를 판 돈으로 500실링짜리 환타를 사 주기도 했다. 나를 반기던 할아버지의 모습이 눈에 선하다. 할아버지를 처음 만났을 때 미남이라고 생각했는데, 아니나 다를까 12명의 아내가 있었다.

포르카 할아버지에게 2년 전부터 치매 증상이 시작되었다. 연기되었던 렌지교회 세례식이 있던 날, 할아버지가 갑자기 내 팔을 잡아당겼다. 그러고는 내 손을 끌어다가 자신의 머리 위에 얹었다. 세례를 받게 해 달라는 뜻이었다. 정신이 오락가락하는 중에도 내 마사이 이름인 '나마야니'와 '렌지교회'는 정확히 기억하고 있었다. 그의 믿음과 기억의 끈이 얼마나 깊었는지를 보여주는 장면이었다.

세례 교육을 받지 못했지만, 나는 할아버지에게 세례를 주었다. 세례 후 할아버지는 하나님의 품으로 돌아가셨다.

 **면장의 훼방과 구속 사건**

이곳에서 무엇인가를 하려면 지역주민의 요청과 이장의 동의, 그리고 면장의 승인이 있어야 도청에 서류를 제출할 수 있다.

그런데 은디오노 면장은 나이보르소티 사람들을 속이고 무슬림들을 끌어들여 우물을 팠다. 이 사실을 알게 된 성도들이 무슬림에게 땅을 내줄 수 없다며 강하게 항의해서 그들을 쫓아낸 적이 있었다. 그 일로 앙심을 품었는지, 은디오노 면장이 교회에서 시작하려는 학교 일에 계속 훼방을 놓았다. 그가 서명을 해주지 않으면 불가능한 학교 건축이었다.

롱기도 교육청에 구두로 허가를 받아놓은 상태였지만, 면장의 사인이 없어 서류 접수가 지연되고 있었다. 그러자 초등학교 교육감이 내게 면담을 요청해 왔다. 그는 교회에서 하는 일을 잘 알고 있다며, 면장의 사인 없이도 학교 설립을 승인해 주겠다고 했다. 하지만 나는 조금만 더 기다려 달라고 했다. 면장의 손을 통해 학교 설립 승인이 나기를 기도하고 있었다. 그래야 나중에 탈이 없기 때문이다.

은디오노는 자기 사인이 없으면 아무것도 되지 않을 것이라고 계속 엄포를 놓았다. 그는 무슬림들이 자기 집 마당에 학교를 지어주기로 했는데, 교회가 그 계획을 망쳤다며 화를 냈다. 그러면서 학교를 자기 집 마당에 지으라고 했다. 그의 마음은 꽁꽁 닫혀 있었다. 나는 속으로 외쳤다.

"당신이 이기나, 우리 하나님이 이기나 두고 보자."

어느 날, 나이보르소티교회 전도사에게 급한 전화가 왔다. 은디오노 면장이 경찰서 유치장에 있다는 것이었다. 처음에는 면장이 신고해서 우리 성도가 체포된 줄 알았다. 그런데 유치장에 갇힌 사람은 성도가 아니라 면장이었다.

사건의 전말은 이러했다. 지역에서 쫓겨났던 무슬림들이 면장을 통해 옆 마을에 우물을 파주었다. 태양광 패널을 설치해 펌프를 돌렸지만, 고장이 나서 가동이 멈췄다. 그런데 어느 날 도둑이 들어 태양광 패널을 몽땅 훔쳐 갔다. 면장이 도둑과 짰다고 의심한 마을 사람들은 그를 경찰서에 고발했다.

여기서는 공권력이 매우 강하다. 신고가 들어오면 사실 여부와 상관없이 먼저 유치장에 가두고 조사를 시작한다. 보통 면장 같은 지역 대표는 진상 조사를 거치는데, 이번에는 바로 유치장에 구속되었다. 그는 3일이나 유치장에 있었다.

며칠 후, 거동이 불편한 면장의 늙은 아버지가 나를 찾아왔다.

"어떻게 해야 아들을 유치장에서 풀어줄 수 있겠습니까?"

나는 할아버지에게 정중히 인사를 드린 뒤, 아들에게 "교회를 방해하지 말고 예수님을 믿으라"고 말해 달라고 부탁했다. 사실 면장이 감옥에 간 일은 교회와 관련이 없었다. 또 그가 태양광 판넬을 훔친 것도 아니었다.

3일 뒤, 유치장에서 풀려난 면장은 나를 찾아와 인사하며 손을 내밀었다. 지금껏 단 한 번도 먼저 인사한 적 없는 사람이었다. 그러면서 교육청에 서류를 제출했다고 말했다. 나는 마음속으로 '할렐루야!'를 외쳤.

은디오노 면장의 유치장 사건은 그를 깨닫게 하기 위해 하나님께서 허락하신 특별한 시간이었다. 지역 리더가 도둑과 한패라는 오명을 쓰고 유치장에 갇힌 일은 참으로 수치스러운 일이었을 것이다. 그러나 면장은 그 시간을 통해 겸손을 배웠을 것이다. 하나님께서 그를 낮추신 사건은 하나님의 일을 이루기 위한 하나의 과정이었다고 믿는다.

 **꿍꿍이속, "엠씨티에 땅 주지마!"**

나무밑교회 개척예배를 드린 시노닉(Shinonik)에 목회자들과 전도 여행을 다녀왔다. 사자가 나타나는 동네라서 밤에 돌아다닐 수 없고, 깊은 숲속 동네라 주술 행위를 하는 사람들이 많다. 복음이 필요한 동네이다.

새로 부임한 롱기도 군청의 군수는 회교도이다. 군수는 기독교와 회교도 간의 종교 통합이라는 명목으로 큰 행사에 나와 목회자들을 초청했다. 롱기도 마사이 지역이 회교도들을 배척하다 보니, 종교 통합을 이유로 이슬람을 자연스럽게 받아들이게 하려는 의도가 담긴 행사였다. 마침 집회가 있어 사역자들과 나는 핑곗김에 참석하지 않았다.

시노닉나무밑교회 땅 기증과 문서 때문에 마을 이장과의 미팅이 있었다. 이장은 최근 롱기도 군수와 각 마을 이장들, 면장들의 회의 때 있었던 이야기를 들려주었다. 요는 군수가 감리교(MCT) 교회에는 땅을 주지 말라고 했다는 내용이었다. 군수는 지난번 면담 때 나에게 "왜 사람도 없는 마사이 숲속 동네에 그렇게 크고 아름다운 교회를 짓느냐"고 물었다. 부임한 지 얼마 되지 않은 군수가 마사이 동네를 잘 모르고 한 소리였다. 그 숲속에서 얼마나 많은 사람이 하나님을 예배하는지 모르고 있었다. 그는 하나님의 교회가 세워지는 것이 싫어서 한 말이었다.

땅을 주지 말라고 한 군수에게 마을 이장들은 이렇게 대답했다고 한다. "감리교 교회는 마사이 땅에서 진짜 교회를 세웠고, 교회뿐만 아니라 정부에서 관심 없는 동네에 아이들을 위해 유치원과 학교를 처음 시작한 교회입니다. 그러니 땅을 주고 안 주고는 우리가 결정할 일이고, 군수는 군수 일이나 잘 보시면 됩니다." 이야기를 마친 동네 이장은 활짝 웃으며 군수는 또 바뀔 것이라고 했다.

 **페니나와의 마지막 차이**

이노티 전도사가 무완자신학교에서 학업을 시작한 뒤로, 2년 동안 평신도 설교자인 페니나가 나이보르소티교회의 예배를 인도했다. 그런데 2015년 11월부터 그녀의 건강이 나빠지더니, 얼마 지나지 않아 예배를 인도할 수 없을 정도로 병세가 심해졌다.

그해 12월, 방학을 맞은 이노티 전도사가 교회로 돌아왔다. 2016년 새해 첫 주일예배를 드리는데, 페니나가 아픈 몸을 끌고 4km를 걸어와 예배에 참석했다. 교회에 나오지 못하는 동안 몸보다도 마음이 더 아팠다면서, 새해 첫 예배만큼은 성도들과 함께 드리고 싶었다고 했다. 교회와 성도들을 향한 그녀의 마음이 귀했다.

시간이 흘러 페니나의 병세가 더 악화되었다. 남편의 첫 번째 아내인 네마가 페니나를 돌보고 있었다. 네마 역시 교회 집사였다.

나이보르소티교회에서 주일예배를 드리고 기도하고 있을 때였다. 네마 집사가 강대상 위에 검정 비닐봉지를 조심스레 올려놓았다. 순간 선물인가 싶었다. 그런데 봉지 안에는 빨간 슈카(마사이 천)가 들어 있었다. 페니나의 옷이었다.

"페니나가 오늘 교회에 목사님이 오신다는 소식을 듣고, 몸이 아파 교회에 올 수 없으니 대신 이 옷을 보내달라고 했어요."

그녀의 행동이 미신처럼 여겨질 수 있었지만, 나는 비난하거나 따지고 싶지 않았다. 그녀가 주님을 얼마나 사랑하는지, 예배와 교회를 얼마나 사모하는지, 선교사를 얼마나 귀히 여기는지 알고 있었기 때문이다. 네마는 페니나가 자신을 위해 기도해 달라고 했다며 중보기도를 요청했다.

나는 비닐봉지에 담긴 그녀의 빨간 슈카, 꼬질꼬질한 그 천을 바라보며 눈시울이 붉어졌다. 마사이에서 여자는 울어도 되지만, 지도자는 눈물을 보이면 안 된다. 그래서 목사는 울면 안 된다. 영적인 지도자로서의 위신 때문이다. 두 눈을 감고 눈물을 참아보려 했지만 눈물이 났다. 울었다.

예배 후, 집사들과 함께 페니나를 심방했다. 소똥으로 지은 초라한 집 안에는 파리 떼가 가득했다. 작은 문으로 기어 들어가니, 대낮임에도 어둑어둑했다. 오랜만에 만난 우리는 부둥켜안고 반가워하며 눈시울을 적셨다.

기도를 시작하자, 따라온 남자 성도들도 무릎을 꿇고 중보 기도에 동참했다. 나는 페니나의 몸을 어루만지며 기도했다. 그런데 기도 중에 깊은 어둠 속으로 빠져드는 듯한 느낌이 들었다. 정신을 차리고 그녀를 둘러싼 죽음의 권세를 예수 이름으로 꾸짖으며 물리쳤다. 기도가 끝나자, 페니나의 입에서 "아멘!" 소리가 힘차게 터져 나왔다. 나는 그녀에게 말했다.

"대적 기도를 하세요. '사단아, 예수 이름으로 명하노니 떠나갈지어다!' 몸은 주님이 거하시는 거룩한 성전입니다."

그러자 그녀의 얼굴에 생기가 돌기 시작했고, 죽어가던 목소리에도 힘이 실렸다. 페니나는 손수 차이(밀크티)를 끓여 주고 싶다고 했다. 나는 그녀가 만든 차이를 마시며 말했다. "페니나, 우리 교회에서 다시 만납시다."

또다시 시간이 흘렀다. 여성 사역자들과 함께 롱기도국립병원에 입원한 페니나를 찾아갔다. 면회 시간이 끝난 뒤였지만 사정을 이야기해 겨우 병실에 들어갈 수 있었다. 침대에 눕지도 못하고 앉아 있는 그녀는 예전과 너무 다른 모습이었다. 앙상하게 마른 몸, 고목처럼 마른 팔. 나는 그녀를 안았고, 그녀의 가냘픈 머리는 힘없이 내 품에 기대어 왔다.

나는 간절히 기도했다. "주님, 이 귀한 평신도 설교자를 다시 세워 주옵소서. 그녀를 통해 교회가 다시 힘을 얻도록 인도해 주옵소서."

페니나가 하늘나라로 떠났다. 그 첫 주일, 그녀가 섬겼던 나이보르소티교회에 가서 예배를 드렸다. 성도들과 함께 예배드리며, 페니나를 기억하는 시간을 가졌다.

그녀에게는 네 명의 자녀가 있었다. 두 아들은 모란(군대) 생활 중이었고, 열 살 코티아와 여섯 살 사투마가 함께 예배에 참석했다. 남편과 사별한 뒤 혼자서 네 자녀를 키우던 그녀마저 주님 품으로 떠났으니, 이제 이 아이들을 어찌해야 한단 말인가. 남겨진 어린 자녀들을 바라보면서 나는 주님께 간절히 기도했다.

"주님, 이 아이들이 살아갈 길을 열어주세요."

결연 아동 후원이 시작되자마자 페니나의 남겨진 두 딸, 코티아와 사투마를 도울 수 있게 되었다.

마사이 전도부인들

　미감리교회 여선교사들은 한국의 여성들을 지도자로 세우는 일을 중요한 선교 방침으로 삼았다. 그들은 조선의 여인들을 전도부인으로 세워 함께 어두운 조선의 땅에 복음의 빛과 자유를 선물해 주었다.
　역사는 반복된다. 마사이를 대상으로 하는 전도부인 훈련은 초기 한국 선교에 있어서 교회 성장과 부흥에 공헌한 전도부인(Bible Women)들의 활동처럼 마사이 땅에 빛과 자유를 전하는 전도 프로그램이다.
　2018년에 10개 교회의 여선교회 회원 31명으로 시작했는데, 지금은 14개 교회의 120명이 넘는 전도부인들이 훈련에 참여하고 있다.
　마사이 땅에 교회를 개척할 때는 남성들이 주축이 된다. 그러나 교회를 지키고 예배의 자리를 지키는 이들은 여성들과 아이들이 대부분이다. 그러나 리더십의 자리에는 언제나 여성들이 배제되었다. 전도부인 훈련을 통하여 남성 중심의 부족문화 안에서 여성 리더십을 세워 가고 있다.
　복음 안에서 세워진 마사이 여성들은 "여성이 여성에게"라는 복음을 전하며 여성의 소리를 내고 있다. 복음을 통해 천천히 권리가 보호되고 의식이 키워져 가고 있다. 여성 자신이 교육을 받고, 아이들에게 교육을 받도록 함으로써 교회를 통하여 공동체의 변화하는 모습을 보이고 있다.
　전도부인 훈련을 시작하며 걱정하는 부분이 있었다. 하루하루 생계를 위해 노동하는 여인들이 과연 2박 3일이나 집을 떠나 훈련에 참여할 수 있을까? 남편의 허락 없이는 집을 비울 수 없는데 과연 가능할까? 임신, 출산, 양육이 반복되는 여성의 삶에서 임신을 하면, 출산을 하면, 아이를 낳으면 어떻게 이 훈련이 지속적으로 이루어질 수 있을까? 과연 이 일이 가능할까? 하는 의문과 염려가 앞섰다.

하지만 많은 여선교회들이 이 전도부인 훈련에 참석하고 있다. 이 훈련은 두 달에 한 번, 2박 3일의 일정으로 진행되고 있다. 예상했던 대로 마사이 여성들은 훈련중에도 임신과 출산을 반복했다. 그러나 결과는 예상과 달랐다. 내 염려와 달리 갓난아이를 업고서라도 전도부인 훈련에 참여하고 있다. 아이를 출산하고서 젖먹이 갓난아이를 안고 오토바이 택시를 타고 온 마마를 보고 다시 깨달았다. 복음에 붙들린 여인들은 절대 막을 수 없다는 것을 말이다. 중도에 포기하지 않는 그들의 모습은 너무나 귀하고 아름다웠다. 하나님께서 하시는 일을 누가 멈출 수 있겠는가.

굶주림과 질병은 문맹과 밀접한 관련이 있다. 나이가 든 대부분의 마사이 여성들은 문맹이다. 그럼에도 불구하고 이들은 말씀을 전하고 가르치는 전도부인이 되기를 소망한다. 글을 모르지만 암기력이 뛰어나 성경 암송에 탁월한 재능을 보인다. 말씀과 찬양, 기도로 충만한 시간이었고, 어머니로서의 역할과 가정 사역, 여성 할례 금지, 질병 예방 등의 보건 교육도 함께 이루어졌다.

전도부인 훈련에서 특히 좋았던 점은, 선생도 학생도 모두 여성이라는 점이었다. 덕분에 여성 할례나 일부다처제 같은 민감한 주제를 깊이 있게 나눌 수 있었고, 자신들의 삶을 진솔하게 간증하는 시간도 가질 수 있었다. 그녀들의 고백은 마사이 광야를 복음의 소리로 채워 가고 있었다.

우리 하나님은 지금도 아프리카 땅에 사람을 보내시고, 하나님의 사람을 세우시며, 하나님의 교회를 세워 가신다.

 ## 전도부인들의 해외 선교 여행

사역을 하며 늘 느끼는 것이 있다. 전하고 가르치는 이 일이, 오히려 더 많이 배우고 깨닫는 시간이라는 것을!

1년 6개월 동안 8회의 교육 과정을 이수한 전도부인들의 첫 수료식이 있었다. 그런데 수료식 전에 먼저 케냐로 선교 여행을 다녀오기로 했다. 사람과 사역에는 반드시 성장과 성숙이 있어야 한다. 전도부인 훈련에 참석한 성도들에게 밖의 세상을 구경시켜 주고 싶었다.

수료식을 앞두고 케냐에서 열리는 감리교 동아프리카 여선교대회에 참석하기로 했다. 탄자니아에서 케냐로 넘어가려면 여권이 필요했다. 출생 신고조차 되지 않아 주민등록증이 없는 그들은 여권을 만들기 위해 행정기관을 여러 번 오가야 했다. 여권 발급비와 황열 예방접종 비용은 본인이 부담하고 전세버스비, 등록비, 식대는 선교사가 감당하기로 했다. 각 교회도 전도부인들을 위해 십시일반 여비를 보탰다.

케냐에서의 선교 여정은 일주일이나 되었다. 임산부나 갓난아기가 있는 여성은 제외했고, 자녀도 동반할 수 없게 했다. 그렇게 해서 인솔자인 솔로몬 목사, 엘리야 전도사, 그리고 31명의 전도부인이 함께 떠날 수 있었다. 아는 만큼 보고, 본 만큼 경험하며, 경험한 만큼 성장할 것이라고 믿었다.

국경을 넘어 케냐로 들어섰다. 나망가 국경을 넘어 한 시간쯤 달렸을 때였다. 갑자기 버스 안에서 아이 울음소리가 났다. 놀랍게도 엔훠르엔데게 교회에 다니는 티파야의 아들 사무엘이었다. 세 살배기 사무엘이 엄마와 떨어지지 않겠다고 떼를 쓰자, 남편은 아이를 데려가든지 아니면 집회에 가지 말라고 했다. 모두가 버스에 타고 마지막으로 집 문단속을 하는 사이, 티파야가 나 몰래 아들을 천으로 감싸 버스에 태웠던 것이다. 다른 마마들도 합

세해 아이를 숨겨 주었다. 아이가 울 때마다 다 같이 큰 소리로 찬양을 불렀던 것을, 나는 신이 나서 그런 줄 알았다.

국경을 넘은 지 한 시간이나 지난 터라 되돌아갈 수 없었다. 어쩔 수 없이 어린 사무엘은 케냐 땅에 불법으로 입성하게 되었다. 무지였는지, 용기였는지 모르겠지만 그 열정만큼은 진심이었다.

집회는 케냐 메루 지역에서 열렸다. 집회를 마친 후 우리는 수도 나이로비로 가서 1박 2일 동안 관광하기로 했다. 그동안 고생한 전도부인들을 잘 먹이고 좋은 곳에서 재우고 싶었다. 케냐 감독회장님께 특별히 요청해 감리교 게스트하우스를 제공받고 식사비만 부담하기로 했다. 호텔식 뷔페를 먹고, 깨끗한 호텔에서 신식 화장실과 수도꼭지에서 나오는 물을 사용했다. 전도부인들은 편히 쉴 수 있었다.

다음 날에는 나이로비 동물원과 허브 쇼핑센터를 구경했다. 처음 보는 모든 것이 낯설고 어색했지만, 훈련을 통해 낯선 환경에 적응하는 법을 익힌 그녀들은 잘 해냈다. 쇼핑센터에서 사용할 약간의 케냐 화폐를 선물했다. 해외에 나왔으니 필요한 물품을 구입하게 했고, 그녀들의 기쁨은 곧 내 기쁨이 되었다.

선교 여행을 마치고 돌아온 전도부인들은 각자의 교회에서 주일예배 때 복음의 증언자가 되었다. 학교를 다녀본 적이 없는 전도부인들은 전도부인 훈련을 마치 학교처럼 다니며 열심히 배웠다. 그리고 수료식에 온 가족과 친지, 이웃을 초청해 함께 기뻐했다.

복음은 마사이 여성을 춤추게 한다.

전도부인의 놀라운 성과

제15회 전도부인 훈련 세미나가 키모쿠와교회에서 열렸다. 2023년 2월 '신앙 전수'라는 주제로 2박 3일간 전도부인들이 함께 모였다. 마치 물동이를 버려두고 동네로 들어가 예수님을 전한 사마리아 여인처럼(요 4:27~42), 전도부인들은 예수님 만난 기쁨을 이웃과 나누는 '증인의 삶'을 살아가고 있다.

세미나 장소인 키모쿠와교회는 롱기도 산자락에 위치해 있다. 케냐와 탄자니아 국경 근처의 포장도로를 지나다 보면 멀리서도 교회가 보인다. 대부분의 마사이 교회들은 전기와 물이 공급되지 않는 오지에 세워졌다. 선교사 집이 있는 엔훠르엔데게 역시 전기가 들어오지 않아 태양광으로 전깃불을 사용하고 있다. 그래서 힘닿는 대로 후원교회를 연결해 교회 태양광 설치 프로젝트를 진행하고 있다.

키모쿠와교회도 태양광 설치를 못했었는데, 얼마 전 정부에서 교회에까지 전봇대를 세워 전기를 끌어주었다. 덕분에 세미나 전날 전깃줄과 전구를 설치해 밝은 빛 아래에서 말씀 듣고 찬양하며 밤을 보낼 수 있었다. 집회 일정에 맞춰 전깃불을 사용할 수 있어 참 감사했다.

2018년 하반기부터 시작한 전도부인 훈련 프로그램은 후원교회의 여선교회와 여선교회전국연합회의 지원 덕분에 감당할 수 있었다.

전도부인들은 조를 나눠 집회가 열리는 지역의 각 마을에 흩어져 밤새도록 복음을 전하고 다음 날 돌아왔다. 점심때쯤 병자를 만나 위로하고 기도해 준 이야기, 찬양과 기도 중에 악한 영이 떠난 체험 등 감동적인 나눔의 시간을 가졌다.

문맹률이 높은 마사이 지역에서 전도부인 세미나를 시작했을 때 성경을 읽을 수 있는 여성은 31명 가운데 5명뿐이었다. 수년이 지난 지금은 많은 전도부인이 성경을 읽는다. 그들은 성경을 보다가 글을 깨우쳐 성경을 읽게 되었다.

어릴 적 내가 다니던 교회에서 글을 모르던 할머니 권사님들은 성경책을 가지고 다니셨다. 나는 할머니들 옆에서 성경 본문과 찬송가를 찾아주곤 했다. 그런데 신기하게도 나중에 할머니 권사님 중에 몇몇 분이 성경을 읽게 되었다. 그때의 놀라움을 아직까지 잊지 못하고 있다.

그래서 나는 글을 모르는 성도들에게 성경책을 가지고 다니라고 잔소리한다. 말씀을 사모하면 읽을 수 있는 눈을 열어주신다고, 어린 시절 할머니 권사님들에게 배운 경험을 나누고 있다.

훈련을 거듭할수록 마사이 여성들은 자신이 하나님의 형상을 입은 존귀한 존재임을 깨달았다. 남성 앞에서도 당당하게 자기 생각을 표현하고, 복음의 주체자로서 십자가의 능력을 경험하며 살아가고 있다.

사람이 재산!

탄자니아에서 세 번째로 큰 도시인 아루샤도청에서 도지사가 방문한다는 공문을 보내왔다. 고위 관료가 롱기도 마사이 동네까지 오는 일은 드문 일이었다. 나는 목회자 대표로 초청을 받았다.

도지사는 확실히 높은 위치의 인물이었다. 경찰 호위를 받으며 차량 15대가 줄지어 도착했다. 하지만 나는 기죽지 않고 당당하게 마이크를 들고 인사했다. 그 자리는 아루샤 경찰청장과 보건, 복지, 전기, 물, 도로, 토지 등 각 부서의 장들을 한자리에서 만나는 귀한 기회이기도 했다.

새로운 대통령이 취임한 후로 정부는 교육에 많은 관심을 기울이기 시작했다. 마사이 숲속 마을과 그곳 아이들에게 눈을 돌리게 된 것이다. 도지사는 이렇게 말했다.

"먼 한국에서 오신 분도 탄자니아 아이들을 위해 학교를 세우는데, 우리도 함께하겠습니다."

이마티아니학교 건축을 완공하면 한두 명씩 파견하던 교사를 여섯 명이나 보내주겠다고 했다. 나는 고마운 마음을 표현하며 이렇게 덧붙였다. "교사 사택을 지을 돈이 없습니다." 그러자 도지사는 그 비용도 보태겠다고 했다. 후에 그는 도지사 임기를 마치고 아루샤의 국회의원이 되었다.

이렇게 점차 정부가 관심을 가지면, 복음과 함께 이 땅에도 희망이 자라날 것이다. 그런 소망으로 오늘도 땅을 일구고 씨를 뿌리며 물을 주고 있다. 열매는 하나님의 몫이다. 시작이 반이다. 믿으면 하나님의 영광을 보게 된다. 나는 그런 믿음으로 살아가고 있다.

아루샤의 관공서 직원 대부분은 내가 혼자 사는 것을 알고 있다. 그래서 내게 늘 따뜻한 정을 나눠 준다. 원본 서류가 없어도, 직접 가지 않아도 서류가 접수되고 당일에 결과물을 내주는 일도 있다. 예전에는 상상도 못 했던 일이다.

찰레가 했던 한 마디가 생각난다. "사람이 재산입니다." 나에게 허락된 모든 관계 속에서 나는 하나님의 은혜를 경험하고 있다.

 ## 가방을 둘러맨 쿠렌제 전도사

쿠렌제는 마사이 모란, 즉 마사이의 자치 군대 전사였다. 모란 전사는 복무 기간 동안 부족의 전통을 지키고, 가축과 공동체를 보호하며, 주술 행위도 배운다. 교회학교 교사로 섬기던 그는 복무 기간이 몇 년 남은 전사의 길을 포기하고 싶어했다. 그는 주술 행위는 하나님을 섬기는 믿음과 양립할 수 없다고 말했다. 그의 결단이 얼마나 귀하고 고마웠는지 모른다.

다행히 마을 원로들도 그의 결정을 존중해 주었다. 이제 그는 하나님 섬기는 일에 전념할 수 있게 되었다. 이후 장남인 그는 야간 경비 일을 하며 어린 동생들의 생계를 책임졌다. 엔휘르엔데게 마사이 동네에서 나망가 국경 근처까지 매일 걸어 나가 야간 경비원 일을 했다. 그렇게 묵묵히 살아가던 어느 날, 내게 조심스레 말을 꺼냈다.

"목회자가 되고 싶습니다."

그동안 모은 돈으로 어머니에게 작은 구멍가게를 열어 드렸으니, 이제는 목회자의 길을 가겠다고 했다.

쿠렌제는 초등학교조차 다니지 못했다. 그러니 공부할 수 있도록 초등학교에 보내 달라고 부탁했다. 23세 청년이 어린 동생들과 공부하겠다는 모습에 감동을 받았다. 그래서 쿠렌제는 어린 동생들과 함께 검정고시학원을 다니기 시작했다. 그런 그를 나는 '가방을 둘러맨 그 어깨가 아름다운 쿠렌제'라 불렀다.

한편 케냐에서 유학 중이었던 아비키가 초등학교 과정을 마치고 롱기도교회로 돌아왔다. 그는 중학교 입학시험 결과를 기다리는 중이었는데, 방학 동안 쿠렌제를 도와주고 싶다고 했다. 아비키는 엔휘르엔데게교회에서 지내며 쿠렌제에게 개인 교습을 해주었다. 어린 모세도 틈틈이 쿠렌제의 공부를 도와주었다. 그렇게 쿠렌제는 학원을 다니며 열심히 배워 스와힐리어를 배우고 읽고 쓰게 되었다. 나이가 많아서 초등학교 입학이 되지 않아 교육감을 따로 만나야 했다. 공부를 시작한 지 4년 만에 초등학교 7학년 과정을 마치고 졸업장을 땄다.

받은 것을 나누고, 배운 것을 섬김으로 실천하는 아이들. 그들의 순수한 마음이 참으로 대견하다. 나는 말했다.

"너희들, 진짜 사랑이 뭔지 아는구나!"

초등학교를 졸업한 쿠렌제는 신학교 2년 과정을 마치고 사명자의 길을 걷고 있다.

 ## 12월 마사이 청소년연합집회

올해도 아이들에게 선물로 나눠 주기 위해 일 년 동안 모은 헌 옷들을 정리했다. 흩어져 있는 교회 아이들이 한자리에 모이는 순간은 늘 감격스럽다. 2015년 첫 마사이 청소년연합집회에는 120명이 참석했고, 2016년에는 149명, 2017년에는 249명이 참여했다. 2024년 제10회가 열리던 날에는 스텝을 포함해 545명이 등록해 함께했다.

첫 집회는 롱기도교회에서 열어 교회와 유치원 교실을 숙소로 사용했다. 두 번째부터는 엔휘르엔데게교회에서 진행했다. 어린이도서관을 여자 숙소로, 교회는 남자 숙소로 사용했다. 세 번째 해에는 새로 지은 세미나 하우스에서는 여자아이들이, 도서관에서는 남자아이들이 지내며 집회에 참여했다. 아이들은 비좁은 공간에도 불평없이 나눠 자며 집회 기간 내내 함께했다.

아이들은 12월 방학 기간에 열리는 청소년연합집회를 손꼽아 기다린다. 집을 떠나 사파리처럼 여행하고 흩어져 있던 친구들을 다시 만나는 것도 기쁘지만, 하나님 말씀에 온전히 집중할 수 있는 시간을 참 좋아한다. 또 맛있는 음식과 간식을 배불리 먹고, 목동 일이나 집안 일을 하지 않아도 되며, 수도꼭지에서 나오는 물을 실컷 사용하고, 태양열 전기로 환히 밝힌 밤을 보낼 수 있다. 평소에 경험하지 못한 온전한 쉼과 섬김을 경험하기 때문이다.

이 집회에 장애가 있어 서거나 걸을 수 없는 나보가 함께했다. 7년 만에 우연히 만난 바라카도 올도뇨란다레교회의 첫 청소년으로 참석했다. 평신도 설교자 페니나의 딸 코티아, 케냐 유학 중에 돌아온 아비키, 어린 나이에 임신해 아이를 낳은 루티도 함께했다. 한쪽 눈이 실명된 엔키카렛교회의 바라카는 선물을 가지고 집회에 왔다. 생명보다 귀한 물을 교회 건축에 내어준 엔가쏘라교회의 나사로 집사의 딸 에스팟, 첫 심방 때 민박했던 렌지교회의 라쏘이도 어엿한 고등학생이 되어 참석했고, 자주 정신을 잃던 엔훠르엔데게교회의 모세까지 모두 집회에 왔다.

집회에 참석한 아이들은 그리스도 안에서 변화를 꿈꾼다. 학교에 다니지 않는 마사이 아이들은 집회 때마다 성경을 읽고, 스와힐리어로 소통하는 또래 친구들과 어울리며 자연스레 말씀을 배운다. 그들은 성경 말씀을 읽고자 갈망하고, 그 진리를 삶에 새기려 애쓴다. 목동의 삶을 내려놓고, 성경 말씀을 스스로 읽기 위해 학교에 가고 싶어한다. 말씀 안에서 남자가 여자를, 여자가 남자를 존중해 가고 있다.

선교는 누군가를 돕는 것이 아니다. 선교는 현지인에게 동기를 부여해 스스로 변화를 추구하며 새로운 세상을 보게 하는 일이다. 학교에 가고 싶어 하는 아이들이 늘어나는 것은 좋은 현상이다. 노동력을 잃을까 두려워하던 부모들이 자녀를 학교에 보내고자 하는 것도 긍정적인 현상이다. 나는 그들에게 든든한 비빌 언덕이 되어주고 싶다.

모세가 거룩한 땅 하나님의 면전에서 신을 벗었던 것처럼, 우리 아이들이 망령된 전통과 신화를 벗어던지고 거룩한 믿음으로 살아가길 두 손 모아 간절히 기도한다.

10년이면…

2015년부터 12월 방학 때마다 연 마사이 청소년연합집회가 2024년에 제10회를 맞게 됐다. 하지만 재정 문제로 집회를 열지 않으려고 했다. 뭐든지 재정에 부담을 가지면 선교사에게 짐이 되고, 그렇게 되면 하나님의 선교가 행복하지 않기 때문이었다.

11월 중순에 아이들과 함께했던 시간들을 담은 핸드폰 사진을 보게 되었다. 사진 속에 담긴 아이들의 모습을 보면서 우리가 함께해 온 시간은 부담이나 짐이 아니었음을 깨달았다. 주님이 주신 은혜의 시간이요, 행복과 기쁨, 충만한 감사의 시간이었다.

아무것도 없는 상태에서 집회를 열기로 결정했다. 그랬더니 기적처럼 하나둘씩 필요한 재정이 채워졌다. 마음에 소원을 주신 분께 기도하고 행동하면 하나님의 영광을 본다. 그게 믿음이다.

우리 마사이 아이들은 가난하지만, 가진 것 중에 가장 좋은 옷을 입고 얼굴에 기름을 바르고 꽃단장을 하며 주님 앞에 나온다. 거저 주시는 구원의 은혜를 가장 비싼 가난으로 얻는다.

청소년연합집회를 마치고 집으로 돌아가는 열 번의 길, 즉 10년 동안 매번 비가 내렸다. 집회에 참석한 아이들이 큰 비가 와서 집으로 돌아가지 못한 적도 많았다. 정비가 잘 된 차들은 가시나무가 많은 마사이 동네에 들어갔다가 고장이 날까 싶어 예약을 거부한다. 그래서 오래되고 낡은 차량이 주로 오는데, 그런 차가 험한 숲속 길에 들어갔다가 고장이 나는 바람에 아이들이 고생한 적이 많다. 많은 사람이 돌아가는 길에 고생했지만, 비는 마사이 땅에서 축복이다. 하나님께서 기뻐하신 집회라는 사인처럼 비가 내렸다.

열 번째 집회를 마친 날에도 비가 내렸다. 어렵게 예약한 23인승 버스에 50명이 넘는 아이들이 한 치의 틈 없이 꾸역꾸역 앉았다. 이번에도 진흙  길에 차가 빠졌고, 빠져나오려고 발버둥치다 엔진이 나가 버렸다. 거기에 타이어까지 터져 신야, 올테페시, 엔도뇨에말리 지역의 청소년들은 코끼리, 하이에나, 사자가 나타나는 숲속 길에서 오도가도 못하게 됐다. 한편 도랑을 건너지 못한 올도뇨란다레와 엔가쏘라교회 청소년들은 롱기도교회에서 하룻밤을 자야 했다. 다행히 전도부인들이 아이들을 위해 차이를 끓여 주었다.

나는 숲속에서 밤을 보낼 아이들이 걱정되어 담요와 먹을 것을 가져다주겠다고 사역자에게 연락했다. 사역자는 그런 내게 문자를 보냈다.

"목사님~ 걱정하지 마세요. 우리는 숲속 한복판에 멈춰 있기 때문에 돌아갈 수도, 집에 갈 수도 없어요. 이번 집회 때 하나님의 은혜를 경험하고도 광야에서 하나님을 원망했던 이스라엘 백성에 대해 말씀해 주셨잖아요. 우리도 하나님의 은혜를 경험했어요. 그러나 우리는 어려움 앞에서 하나님을 원망하지 않아요. 우리는 차가 멈춘 이 길 위에서도 주님의 은혜를 경험하고 있는걸요. 그러니 염려하지 마세요. 비록 우리 학생들이 비좁은 차 안에서 추위와 사나운 짐승과 배고픔에 떨고 있지만… 하나님 안에 있는 우리는 내일 주님이 주시는 밝은 아침을 맞이할 겁니다. 우리는 구원받은 백성인걸요. 걱정하지 말고 주무세요."

나는 쿨쿨 잠을 잤다. 성령께서 내게 깊은 잠을 허락해 주셨다.

# 코로나 시기의 성경 필사

코로나 기간에도 빠짐없이 주일예배를 드렸다. 급식을 시작하자 꼬마 녀석들이 아침 일찍 교회로 달려와 식사 시간을 기다렸다. 어린 동생들이 식사를 마치고 돌아가면 학생들은 세미나실에 남아 성경을 필사했다. 매일 20명에 가까운 학생이 성경을 필사했다.

가장 늦게까지 남아 필사하는 학생은 남편이 학교에 보내 글을 깨우친 엘리야스다. "하나, 둘, 셋… 이백… 삼백…" 엘리야스가 청소년연합집회 때 줄 선물 봉투 개수를 세던 날을 잊지 못한다. '하나 둘'도 몰랐던 아이가 백 단위를 계수하는 모습에 깜짝 놀랐다.

엘리야스는 성경을 열심히 읽는다. 친구들이 다 돌아간 후에도 혼자 남아 성경 필사를 마치고 돌아간다. 코로나로 온 세상이 멈춘 듯했던 그 시기, 오히려 우리의 사역은 더 분주했다. 코로나 때 많은 선교 사역이 구제로 전환되었다. 하지만 마사이 나무밑교회는 성전을 건축했고, 청소년연합집회 때의 숙소 부족을 해결하기 위해 청소년센터도 건축했다. 또한 평신도 지도자 성경학교를 목요일에 개설했다.

나는 선교사가 그들에게 뭔가를 해준다고 생각했었다. 그런데 그게 아니었다. 코로나 기간에 현지 사람들로 인해 외롭지 않았다. 날마다 아이들이 찾아와 교회와 동네가 떠들썩했다. 하나님의 복음 사역은 쉼 없이 계속되었다.

엘리야스의 고백

엘리야스의 엄마가 코로나 기간에 세상을 떠났다. 코로나일 수도 있지만 정확한 병명은 알 수 없었다. 코로나가 있지만 모두 없는 것처럼 일상을 살아갔다.

어느 날 방학을 맞은 엘리야스가 예배 시간에 간증을 하고 싶다고 했다. 마음에 감동을 받은 나는 간증 시간을 허락했다. 그리고 엘리야스의 고백에 울고 말았다.

"저는 아버지도 없고, 며칠 전에는 어머니마저 돌아가셨습니다. 제 곁에는 아무도 없습니다. 제가 의지할 분은 오직 하나님뿐입니다. 그리고 하나님께서 기회를 주신 학업(공부)뿐입니다. 친구들은 '계집애들과 어린 동생들과 공부하는 게 수치스럽지 않냐? 다른 부족 선생에게 혼나는 게 창피하지 않냐? 너는 마사이 모란의 전통을 어겼다'라며 저를 놀리고 미워하고 욕하며 돌을 던졌습니다. 하지만 저는 하나님을 의지하며 이 모든 것을 견뎌낼 수 있었습니다."

또래집단이 엘리야스를 놀린 이유는 남자가 계집아이들과 함께 한 교실에 앉아 공부하고, 타 부족 출신의 선생님 지도를 받으며, 여자나 어린 학생들 앞에서 야단 맞는 것이 할례받은 모란이 할 짓이냐는 것이었다.

마사이 전통과 부족의 관습을 뒤로하고 새로운 것을 향해 나아가는 것은 결코 쉬운 일이 아니다. 그러나 엘리야스는 견뎌내고 있었다. 무엇보다 선교사가 아닌 하나님을 의지한다는 아이의 고백이 참 고마웠다.

선교지의 많은 사람이 선교사를 하나님처럼 의지한다. 자신의 필요를 공급해 주는 존재로 여기기 때문이다. 하지만 엘리야스는 선교사의 제자가 아니라 하나님의 사람이었다.

 ## 우리 교회에는 진짜 성도만 있어요!

나무밑교회의 첫 세례식은 보통 성전 건축을 마치고 봉헌예배 때에 열린다. 성도들의 고백이 신앙으로 자라날 때까지 기다린다.

올도뇨란다레교회의 첫 세례식이 2019년 7월 봉헌예배 때 있었다. 그리고 2021년 12월에 두 번째 세례식을 거행했다. 나는 15km 떨어진 저수지에서 길어온 빗물을 세례수로 사용했다. 세례식이 있을 즈음에 비가 내리면 깨끗한 물을 사용할 수 있지만, 비가 내리지 않으면 오염된 빗물조차 구하기 힘든 때가 많다. 물을 구입해 세례터를 채우고 싶어도 길이 험해 물차가 들어올 수 없는 교회들이 많다. 물은 사람을 살리기도 하고 죽게도 한다. 비가 내리지 않으면 식물도, 가축도, 사람도 죽는다. 그러다가 비가 내리면 시들어 가던 모든 생명이 살아난다. 그래서 마사이 성도들은 물 뿌림보다 침례 의식을 중요하게 여긴다. 올도뇨란다레교회 성도들은 온갖 수단을 동원해 세례터에 물을 채웠다. 물의 양은 턱없이 부족했고 매우 더러웠지만, 그 정성과 헌신이 큰 감동으로 다가왔다.

세례를 마치고 성만찬 예배를 드렸다. 예배 후 쟈곱 전도사가 다가와 말했다. "목사님, 우리 교회에 진짜 성도가 68명이나 됩니다. 2019년 봉헌식 때는 46명, 2021년에는 22명이 세례를 받았어요."

나는 그동안 올도뇨란다레교회의 세례 교인이 얼마나 되는지 가늠하지 못했다. 쟈곱 목사의 말을 듣고서야 세례교인이 68명인 것을 알았다. 쟈곱 목사는 세례받은 교인, 하나님 앞에 예배드리는 교인을 진짜 성도라고 했다. 교인의 숫자가 부풀려지거나 통계의 허수로 존재하는 이 시대에, 가시나무 숲속 마사이 교회에 진짜 하나님의 성도들이 존재한다는 그의 말에 가슴이 벅차올랐다. 우리 마사이 교회에는 진짜 성도들만 있다.

 ## '교회 오빠' 동균·시현

　동균이와 시현이가 탄자니아에 왔다. 동균이는 두 번째, 시현이는 세 번째 방문이다. 중학생 때 처음 탄자니아에 발을 디뎠던 아이들이 청년이 되어 다시 찾아왔다.

　밥을 먹기 전 함께 식사 기도를 했다. 기도가 끝났음에도 여전히 눈을 감고 있는 동균이의 손을 살짝 잡아 주었다. 식사 기도를 마쳤다는 사인을 보내준 것이다. 저녁 식사 때는 동균이에게 기도를 부탁했다. 높은 톤으로 시작한 그의 기도는 또렷하고 정확했으며 힘이 있었다. 짧은 기도였지만 나는 아이의 목소리에 큰 은혜와 감동을 받았다.

　"아, 하나님이 우리 동균이와 언제나 함께하시는구나!"

　하나님 없는 삶은 공허하고 헛되다. 그런 의미에서 동균이의 삶은 복된 인생이다. 인간의 생각으로는 하나님의 높고 깊은 뜻을 다 헤아릴 수 없다. 동균이는 어떤 상황에 있든지 지금처럼 주를 위해 살아갈 것이라는 확신이 들어, 괜한 걱정이 사라졌다.

　태어날 때부터 청력에 문제가 있던 동균이는 인공와우 이식을 통해 소리를 듣고 있었다. 그런 아이가 대학을 들어갔고 공무원 시험에 줄줄이 합격했다. 하지만 대학을 졸업할 즈음, 청력이 거의 상실되어 소리를 듣지 못하게 되었다. 음성 변경 앱을 깔고 상대방의 말을 문자로 들어야 했다. 그런 상황에서 탄자니아를 다시 찾은 것이다.

　동균이와 시현이는 서로 알지 못하는 사이였는데, 같은 날 이곳에 도착해 한 달 동안 함께 지내다가 돌아갔다. 그들이 이곳에 있는 동안, 한국에서 온 '교회 오빠'들을 만나기 위해 날마다 여자아이들이 교회를 찾았다. 아이들은 조용히 오빠들 주변을 맴돌다 돌아가곤 했다.

그 모습이 참 귀여웠다.

동균이와 시현이는 마사이 교회의 각 가정을 돌며 가족사진을 찍어 주었다. 나 역시 10년 전에 각 교회를 돌며 가족사진을 찍은 적이 있다. 하지만 그 뒤로 바쁜 일정에 지쳐 마음이 있어도 실천하지를 못했다. 그런데 그 일을 이들이 대신 해 준 것이다.

10년 전에 찍은 사진과 이번에 찍은 사진을 비교해 보니, 세월의 흐름이 한눈에 보였다. 하늘나라로 떠난 가족, 식구가 늘어난 가정 등 삶은 그렇게 흘러가고 있었다.

동균이는 숲속 집에서 지내는 동안 친해진 교회 동생들을 위해 사진 앨범으로 만들어 주었다. 아이들에게 앨범을 선물하니, 이상한 나라의 엘리스처럼 배꼽이 빠지도록 깔깔거렸다. 자기 모습이 담긴 사진들을 보며 행복한 웃음을 지었다. 상대를 세심하게 배려하는 사랑은 잔잔한 감동을 선물해 준다.

한국으로 떠나는 날, 동균이는 나를 붙잡고 내게 말했다.

"목사님, 다시 듣고 싶어요!"

나는 아이의 양쪽 귀에 손을 얹고 하나님께 간절히 기도했다. "주님, 동균이의 귀를 열어주십시오. 소리를 듣게 해주십시오." 그리고 동균이를 주님께 맡겼다.

한국으로 돌아간 두 청년은 각자의 삶을 하나님 앞에서 다시 설계했다. 시현이는 다니던 대학을 그만두고 신학교에 편입해 사역자의 길을 걷고 있다. 동균이는 공무원 자리를 포기하고 사서교육원에 합격해서, 지금 국회도서관에 근무하며 빛 된 사회인으로 살고 있다. 그리고 인공와우 삽입 수술을 통해 실낱같이 남아 있던 청력이 살아나 소리를 듣게 되었다. 아! 은혜, 하나님의 은혜이다!

 **사명은 노력보다 은혜로 감당하라!**

　2023년 3월, 올도뇨에말리와 올테페시 두 마을에 나무밑교회를 개척했다. 신야나무밑교회를 세운 지 4년 만에 다시 교회를 개척했다.
　두 교회의 개척 배경에는 남다른 사연이 있다. "마게도냐 사람 하나가 서서 바울에게 청하여 이르되, 마게도냐로 건너와서 우리를 도우라"(행 16:6~10)는 환상처럼, 올도뇨에말리 지역 면장에게 2년 동안 교회 개척 요청을 받았다. 그럼에도 그동안 개척하지 못한 이유는 감당해야 할 사역의 무게와 목회자 수급의 어려움, 거리상의 문제 때문이었다. 용량 초과로 과부하에 걸린 듯했다.
　신야교회 사역도 거리가 멀어 힘에 부쳤다. 그런데 신야교회에서 한 시간이나 더 들어가야 하는 올도뇨에말리에 교회를 개척한다는 것은 쉽지 않은 결정이었다. 그러던 중에 새해를 맞아 존경하는 목사님의 카톡을 받았다.
　"가족이 세 나라에 흩어져 살며 하나님을 섬기는 일은 불편하고 힘든 일이지만, 하나님 앞에서는 특별하고 복된 삶이야. 주님이 맡기신 사명을 노력보다는 은혜로 감당하시길."
　이 문자가 내게 강한 울림으로 다가왔다. 내 노력과 생각이 아닌 하나님의 은혜로 감당하라는 말씀으로 가슴에 새겨졌다. 그렇다면 주님의 은혜로 못할 일은 없다.
　바로 면장을 만나 어떻게 감리교(MCT)를 알게 되었는지 물었다. 그는 롱기도군청 회의에 갈 때 이마티아니 마을을 지나며 교회와 초등학교를 보았고, 엔훠르엔데게에서는 교회와 유치원, 그리고 한국 여자 목사가 사는 집을 보았다고 했다. 이후 신야에 교회와 유치원이 세워지는 것을 보면서 자기 마을에도 꼭 교회를 세워 달라고 기도했다고 했다. 그러던 중 핸드리 전도사와 먼 친척 관계인 마을 주민을 통해 교회 건축 요청을 하게 되었다고 했다.

나는 마을에 예수님을 믿는 이가 있는지를 물었다. 면장은 다른 마을에서 시집온 마마들이 매주 나무 밑에 모여 목회자도 없이, 성경도 없이 예배드린다고 말했다. 그 말을 듣고 마음이 움직였다.

이곳에는 예수님의 이름을 망령되이 부르며 예수님을 팔아먹는 거짓 선지자들이 많다. 신학교 문턱에도 가 보지 않은 이들이 목사나 감독을 사칭하면서 신비 체험을 강조하고 기복신앙을 말하며 돈을 요구했다. 다행히 면장은 공동체를 사랑하는 사람이었다. 거짓 선자들이 사자처럼 나타나 마을 사람들을 미혹해 잡아먹는 것을 용납할 수 없다고 했다. 그 말을 들으며 하나님께서 복음으로 그들을 도우라 하신다는 확신을 얻었다.

"깊은 데로 가서 그물을 던져라" 하신 주님의 말씀대로 나는 깊은 마사이 마을에 들어가 복음을 전하기로 했다. 그렇게 해서 2023년에 깊은 오지 올테페시와 올도뇨에말리에 교회가 세워졌다.

하나님의 오묘한 섭리 가운데 만난 아이들

　나는 늘 장애 아동들을 마음에 품고 살아간다. 멀쩡한 몸으로도 살아가기 힘든 마사이 땅에서 장애를 안고 태어난 아이들의 삶은 더욱 고단하고 비참하다. 그래서 그들을 위해 기도하며, 작은 후원을 통해 어두운 삶에 빛을 선물하고 싶다.
　학교에 가도, 심방을 가도 장애아를 좀처럼 만날 수 없었던 이유는, 이들이 '저주받은 존재'로 여겨져 집 안에 숨겨지기 때문이다. 그렇게 숨겨진 아이들은 세상의 빛을 보지 못한 채 일찍 생을 마감하곤 한다. 나는 사역자들과 함께 이런 아이들을 찾아가 후원과 돌봄을 연결해 주고 있다. 이러한 사랑이 그들 삶에 양식이 되어 부모와 아이 모두 건강하고 밝게 변하는 기적을 본다.

　신야교회 주일예배를 마치고 성전을 나서려는 찰나, 한 엄마가 내 앞을 막아섰다. 딸을 위해 기도해 달라는 요청이었다. 아이의 볼이 심하게 부어 있었고, 만져보니 뜨거웠다. 치통으로 며칠째 아무것도 먹지 못했다는 이야기를 듣고, 아이를 붙잡고 기도하며 어린이용 해열제를 건넸다. 집으로 돌아간 후에도 아이가 계속 마음에 걸려 주님께 간절히 부탁드렸다. 며칠 후 붓기가 빠지고 음식을 먹기 시작했다는 소식을 들었을 때, 나는 조용히 하나님께 감사의 기도를 올렸다.

　렌지교회의 레쿨레는 항상 찡그린 얼굴을 하고 있어 화가 난 듯 보였다. 거기에 한쪽 눈알이 튀어나와 있어 또래들에게 놀림을 받았다. 그런 아이를 멀리 떨어진 모시(Moshi) 안과병원에 데려가 안구 적출술을 받게 했다.

눈알을 빼고 나서 오히려 웃음을 찾았다. 상처가 아물기를 기다렸다가 인공 안구를 끼웠더니 레쿨레가 예뻐졌다. 표정이 무척 밝아졌다. 나는 점퍼와 청바지, 나이키 축구화를 선물했다. "고맙다"며 해맑게 웃는 그의 모습에 내 마음까지 환해졌다.

신야초등학교 체육대회 날, 뙤약볕 아래서 뛰노는 친구들을 멀찍이 지켜보기만 하는 아이가 있었다. 가까이 가 보니 등이 굽어 있었다. 후원자를 찾아주고 싶어 사진을 찍었다. 후원이 본격적으로 시작되면서 이 아이를 추천할 수 있었다. 교회 밖에서 만났지만 알고 보니 신야교회 성도의 자녀로 이름은 쿠야였다. 방학 때마다 수백 명의 아이가 교회에 나오다 보니 내가 잘 몰랐다.

쿠야는 척추가 뒤틀리고 갈비뼈까지 기형인 장애를 안고 태어났다. 신야초등학교 기숙사에서 생활했지만, 선생님의 권유로 자퇴할 위기에 놓여 있었다. 세 명이 함께 자야 하는 침대가 쿠야에게는 무리였다. 나는 교장을 찾아가 맞춤형 침대와 매트리스를 보내겠다고 했고, 교장의 배려로 쿠야는 학교에 계속 다닐 수 있었다.

쿠야의 아버지는 심장 수술 후 갑작기 세상을 떠났다. 힘든 형편에서도 쿠야의 엄마는 양 한 마리를 끌고 와 감사 예물로 드렸다. 아이가 계속 학교에 다니게 되어 하나님께 감사하다는 그의 고백이 내 마음을 울렸다.

시각장애인인 이마티아니교회의 마신다가 초등학교에 입학했다. 집을 떠나 기숙학교에서 지낼 아이의 심리적·정서적 문제를 고심하다가 롱기도기숙학교 특수반에 입학하기로 결정했다. 아이를 돌볼 수 없었던 아이 엄마의 의지와 김윤식 선교사의 조언을 따랐다. 나는 앞을 못 보는 아이가 낯설고 시설도 좋지 않은 기숙사에서 지내는 것이 불안했다. 어떻게 공부할 것이며, 점자를 배워서 앞으로 뭘 하겠다고 엄마 품을 떠나는지 잘 몰랐다.

하지만 그렇다고 그냥 둘 수는 없었다. 임신과 출산을 반복하는 엄마는 하루종일 집안일을 해야 하기에, 마신다는 소똥집에서 갇혀 지낼 수밖에 없었다. 이러한 상황에서 초등학교 입학을 어렵사리 결정했다. 남편의 조언대로 지금은 점자를 배워도 아무 소용이 없을지 모르지만, 앞으로 탄자니아가 발전하면 점자를 사용할 날이 오고 아이의 삶에도 큰 변화가 오리라 믿는다.

걷지 못하는 아이, 뇌병변 장애, 소아마비, 지적장애, 척추 측만증으로 등뼈와 갈비뼈가 뒤틀린 아이, 앞을 볼 수 없는 시각장애, 알비노로 태어난 하얀 아이들까지, 이 땅에는 우리의 돌봄이 절실한 아이들이 많다.

이들에게 우리의 작은 사랑은 밥이 되어 살아나게 한다. 어려운 이웃들이 다시 일어날 힘을 얻는다. 이것이 하나님께는 기쁨이고, 나에게는 큰 보람이 되고 있다.

4

거친 걸음,
함께 걷는 고마운 이들

하나님께서 자라게 하신다

2017년부터 후원을 통해 장학금과 생활 개선 지원금을 지원하고 있다. 고아나 가정 형편이 어려운 아이들, 혹은 가정에서 외면당하는 장애 아동들이 학업을 이어가도록 돕고 있다.

아동 후원은 '성령님에 의해 등 떠밀려' 시작한 사역이다. 그런데 아이들을 후원하며 알게 된 것은 근친상간으로 태어난 장애 아동들이 많다는 사실이다. 많은 아이가 뇌병변, 지적장애, 척추측만, 시각장애, 알비노 등으로 고통받고 있었다. 특히 알비노는 주술 신앙의 영향으로 부적 재료나 약재로 희생되는 일이 많았다. 아이들의 발밑에 디딤돌 하나 놓아주고 싶은 마음에서 시작한 장학 사업인데, 그 작은 손길이 그들의 삶을 지탱해 주는 큰 힘이 되고 있다. 하나님이 맡기신 이 사역이 얼마나 아름다운 일인지 모른다.

아이들에게 장학금을 전달하기 위해 롱기도교회에 모였다. 가능한 직접 교회로 찾아가 아이들을 만나며 장학금을 전하지만, 멀리 떨어진 기숙형 중학교에 다니는 아이들은 부모님을 통해 전달한다.

마침 부활절 방학 중이라 이번에는 중학생들과 부모님을 교회에 초청했다. 부모님들에게 후원금의 의미와 사용처, 아이들의 학업을 어떻게 돕고 있는지 등을 설명한 뒤, 자녀 교육에서의 부모 역할에 대해 진솔한 이야기를 나누었다.

마사이 문화에서는 자녀가 부모와 같은 의자에 나란히 앉지 않는다. 아이들은 아이들끼리, 어머니는 어머니끼리, 아버지는 또 따로 떨어져 앉는다. 그날은 그런 아이들과 부모를 모두 일으켜 세워, 자녀들을 부모 옆에 앉게 했다. 심지어 마사이 전통에서는 어머니라도 할례받은 아들의 머리에 손을 얹을 수 없는데, 나는 마지막 날 부모들에게 자녀의 머리에 손을 얹고 축복 기도를 하게 했다.

후원금 전달이 끝나자, 사무엘의 어머니가 감사 편지와 함께 정성스레 준비한 선물을 건넸다. 원인을 알 수 없는 통증에 학교를 휴학해야 했던 사무엘은 점차 회복되고 있었다. 치료비가 없어 진료조차 포기했던 상황에서, 후원자의 사랑이 아이를 살린 것이다. 그녀는 존귀함과 위엄을 상징하는 목걸이를 건네주며 후원자에게 전해 달라고 했다. 그의 따뜻한 손길에서 감사의 마음이 깊이 느껴졌다. 이 귀한 선물은 잊지 않고 한국에 가져가 후원자에게 전해드렸다.

성탄주일 전부터 하루도 쉬지 못해 지쳐 있을 때, 방학을 맞은 아이들이 후원자께 드릴 감사 편지를 써 왔다. 피곤했지만, 그 마음이 고마워 다시 힘을 내 아이들의 사진과 함께 감사 편지를 후원자들에게 보내기로 했다.

대학생 시절부터 해외 아동 후원을 해 온 남편의 말에 따르면, 대부분의 NGO는 매년 혹은 분기별로 후원자에게 소식을 전한다고 한다. 하지만 나는 행정 동역자(행정비 지출을 할 수 없어 현지 직원 채용을 하지 않았다) 없이 일하고 있어, 감사 편지와 소식을 전하지 못했다. 그럼에도 후원자들의 손길이 한 달도 빠짐없이 지속되고 있다. 한국 교회와 성도들의 따뜻한 마음이 이곳 아이들에게 희망의 디딤돌이 되고 있음에 더없이 감사하다.

예수님이 고린도교회에 보낸 사역자들처럼, 오늘날에도 하나님의 선교를 위해 헌신하는 사람들이 있다. 우리는 하나님 나라를 위해 각자의 자리에서 함께 일하는 동역자들이다. 주께서 맡기신 분량대로 각자의 몫을 감당하는 것이 '사명'이다.

이 성경 심히 사랑합니다

어릴 적, 엄마를 따라 말씀 사경회를 다녔던 기억이 생생하다. 돗자리를 깐 바닥에서 자면서 목사님의 쩌렁쩌렁한 목소리에 귀를 기울이는 시간이었다. 밥을 먹기 위해 긴 줄을 서야 했고 더우면 더워서, 추우면 추워서 고생했지만 지금 돌아보면 그 시간이 참 따뜻하고 좋았다.

마사이 성도 대부분은 글을 읽지 못한다. 성경 말씀을 전하는 사경회를 열면 많은 사람이 모인다. "믿음은 들음에서 난다"는 말씀을 붙잡고 귀로 하나님의 말씀을 듣고자 성도들이 모였다. 청소년연합집회 때와 같이 성도들 사이에 성경을 읽고 싶다는 갈망이 피어났다. 그래서 교회마다 스피커를 설치해 마사이어 성경 오디오 파일을 들려주고 싶었다. 글은 모르지만 귀로 들으며 말씀을 암송하면 좋을 것 같았다.

그러던 중 변화산기도원 에베소선교회의 후원으로 스와힐리어와 마사이어로 된 성경 300권을 구입할 수 있었다. 한 권당 2불에 판매하는 형식으로 각 교회에 성경을 보급했다. 글을 읽지 못하는 마사이 할머니들도 성경을 구입해 품에 안고 교회에 나왔다. 성경을 판매한 돈은 다시 성경을 구입하는 데 사용했다.

그 뒤로 또 한 번의 후원을 통해 더 많은 성경을 구입했다. 이번에는 청소년연합집회에 참석하는 학생들에게 판매했다. 글을 아는 아이들과 함께 성경을 읽기 시작했다. 집회 후 각자의 교회로 돌아간 아이들은 성경을 검은 비닐에 곱게 싸서 들고 다녔다. 예배 시간뿐 아니라 찬양대 연습 후에도 함께 성경을 읽었다.

어느 날 주일예배의 설교 본문이 '야고보서'였는데, 어떤 아이가 구약 맨 앞쪽을 뒤적이고 있었다. 예배 후 아이에게 다가가 "창세기, 출애굽기,

레위기… 마태, 마가, 누가, 요한…" 이렇게 성경 목록을 암송했던 어릴 적 이야기를 들려주었다.

"목사님이 했던 것처럼 외우면 성경 찾는 데 도움이 될 거야."

이제는 말씀을 쪽복음으로 읽는 시대가 아니다. 성경을 통으로 읽어야 한다. 선교지로 파송받기 전, 교회학교 학생들과 함께 겨울성경학교에서 신약성경을 통독한 적이 있다. 오전 9시부터 오후 5시까지 5일 동안 내내 성경을 읽었다. 앉은뱅이 다리를 하고 접이식 책상에 앉아 온종일 성경을 읽었다. 할머니 권사님들께서 아이들을 위해 성경 책상을 구입해 주셨다. 아이들도 충분히 하나님의 말씀을 사모하며 성경을 읽을 수 있다.

마사이 아이들에게도 달고 오묘한 말씀의 맛을 꼭 보여주고 싶다. 잠깐이라도 말씀을 펴서 읽는 모습이 참 사랑스럽다. 많은 성도가 성경을 구입하지 못하고 있다. 하지만 글을 아는 자나 모르는 자 모두 말씀을 사모한다. 언젠가 이곳 모든 성도의 손에 성경책이 들리기를 바란다.

열정이 이루어 낸 작은 책방

　열 손가락을 깨물면 다 아픈 것처럼, 내가 섬기는 교회들과 성도들, 아이들과 동역자들은 모두 소중하고 아픈 손가락이다.
　나무 밑에서 예배를 드리던 교회가 안정된 처소를 갖추면, 여전히 나무 밑에서 예배를 드리는 다른 교회 성도들과 아이들이 떠오른다. 교회에 물 시설을 설치하면 물이 간절한 교회가 생각나고, 숲속 초등학교를 세우면 수십 킬로미터를 걸어 다니는 또 다른 아이가 떠오른다. 사랑은 참으로 버리는 것, 더 가지지 않는 것이다. 움켜잡으면 없어지고 쓰고 나눠주면 풍성해져 땅 위에 가득해진다.
　아이들이 너무 사랑스럽다. 이 땅의 아이들, 특히 마사이 숲속의 아이들에게 넓고 아름다운 세상을 보여주고 싶다. 어린 시절 이작교회 전도사님 집에서 놀던 그 따뜻한 기억을 선물해 주고 싶다.
　로고스호프(Logos Hope)호가 탄자니아 다르에스살람 항구에 정박했다는 소식이 들렸다. 한 권사님의 추천으로 현지 어린이도서관 프로젝트에 신청할 수 있었다. 수개월 동안 수많은 문자를 주고받았지만, 항구에서 1,000km나 떨어진 이곳까지는 이동이 어렵다는 이유로 최종 신청에서 제외됐다. 혹시나 하는 마음으로 도전했지만, 아쉬움이 컸다. 글을 모르는 아이들이 많아 그림책이 가장 적합했다. 그림책으로나마 넓은 세상을 보여주고 싶었다. 한국에서 추천해 준 권사님은 나보다 더 애가 탔다. 하루에도 몇 번씩 페이스북 메신저로 나를 독려하고 닦달했다. 나뿐 아니라 로고스호프호 측에도 수차례 연락을 했다.
　권사님의 열정이 연약한 선교사를 이겼다. 호프호에서 이곳 아이들을 위해 그림책 126권을 남겨두고 떠나겠다는 연락이 왔다. 하지만 먼 항구에서 어떻게 책을 가져올지 막막했다. 그때 하나님께서 지혜를 주셨다. 호프호의 입항을 도왔던 현지 스태프를 찾도록 하셨다. 하드커버로 된 그림책은 현지에서 가격이 꽤 나갔다. 다행히도 우리가 찾은 현지 스태프는 선한 그리스도인이어서 책을 가로채지 않았다. 그는 자신의 임무를 충실히 이행했다.

탄자니아 다르에스살람을 출발해 케냐 국경을 넘어 우간다로 가는 버스에 책 박스를 실어 주었다. 국경에서 늦은 밤까지 졸린 눈을 비벼가며 기다린 끝에 동화책을 받았다. 이 귀한 책들과 케냐에서 중학교를 다니는 딸이 보내준 책을 더하면 작은 도서관을 시작할 수 있을 것 같았다.

'도서관이 별건가? 우선 내 방에서 시작하면 그것이 책방이지.'

책을 읽으며 기뻐할 아이들의 모습을 상상한다. 다른 교회 아이들이 또 눈에 밟히지만, 누군가의 열정과 사랑으로 이 뜻깊은 일이 계속 확장되리라 믿는다.

글로 만나는 세상, 작은 어린이도서관

선교지에 오기 전부터 어린이도서관을 시작하고 싶었다. 하지만 마사이 교회 사역과 함께 유치원과 학교를 세우는 일이 더 시급했다. 오랫동안 가슴에 품어온 소망은 조 권사님 가정을 통해 응답되었다. 마침내 도서관 건축을 시작했고, 나의 바람은 열매를 맺었다.

낮에는 아이들이 책을 읽고 공부하는 공간으로, 밤에는 마마들을 위한 야학당으로 사용하면 될 것 같았다. 목회자들의 교육 장소이자 숙소로도 사용할 계획으로 건축했다.

이 공간에 꼭 필요한 한 가지가 더 있었다. 바로 '빛'이다. "태초에 빛이 있으라 하시니 빛이 있었다"라는 창세기 말씀처럼, 하나님은 태양광 전기까지 예비해 주셔서 도서관 안을 환히 밝힐 수 있었다.

도서관 운영을 위한 관리자가 필요했다. 한 후원교회의 장애우선교회에서 후원해 주기로 했다. 이밖에도 교회들과 개인 후원자들이 부족한 책들을 모아주었다. 도움을 청한 것이 아니었다. 단지 마음에 소원을 품었을 뿐인데 하나님은 여러 사람의 마음을 감동시키셨다. 그리고 감동받은 믿음의 사람들을 통해 귀한 열매를 풍성히 맺게 하셨다.

학교를 세울 수밖에 없는 이유

아이들은 이른 아침, 차이 한 잔을 마시고 먼 길을 걸어 학교에 간다. 수업을 마치면 다시 한참을 걸어 집으로 돌아가는데, 도착하면 어느덧 저녁이다. 아이들의 이런 일상은 고단하다. 그래서 아프거나 비가 오는 날에는 핑계를 대며 학교에 가지 않는다. 등굣길에 나무 아래에 멈춰 친구들과 놀다가 그냥 집으로 돌아가곤 한다. 그런데 이때 갑자기 불어난 빗물에 휩쓸려 죽는 아이, 사나운 짐승에 물려 죽는 아이들이 생기곤 했다.

설령 초등학교를 끝까지 다니며 졸업해도 여전히 글을 읽고 쓰는 데 어려움을 겪거나 중학교 입학시험을 통과하지 못하는 아이가 많다. 그러면 다시 목동의 삶으로 돌아간다. 등굣길의 위험과 배고픔, 목동의 일과 집안일로 아이들 대부분은 학교에 다니지 않는 상황이었다. 그럼에도 초등학교를 다녀야만 스와힐리어를 배울 기회를 얻는다. 이 언어를 몰라서는 가난한 탄자니아에서 더 깊은 소외를 겪는다. 그래서 학교가 꼭 필요하다.

교회 성장과 더불어 아이들도 자라고 있다. 자라나는 아이들을 위해 학교를 시작해야 했다. 학교를 시작하면 목회 사역에 집중하지 못할까 염려되었다. 또한 교육은 교육 전문가가 시작해야 한다는 생각에 주저하게 되었다. 그러나 시간이 흐를수록 학교가 필요함을 더 절실히 깨달았다.

그럼 선교사인 내가 할 수 있는 일은 무엇일까? 후원을 통해 교실을 짓는 것이었다. 재정과 운영을 책임져야 하는 사립학교가 아닌 정부에서 운영하는 공립학교를 시작하기로 했다. 교단 소속 학교로 설립하여 성경 과목을 가르치고 채플을 인도하게 했다.

나이보르소티 무슬림이 파 놓은 우물 사건으로 그곳에 학교가 세워졌고, 엔가쏘라교회가 있는 마을에도 학교를 세웠다. 그리고 렌지교회와 이마티아니교회에서도 초등학교를 시작했다.

 한국 교회가 초등학교를 지어준다는 소식이 퍼지자, 군청에서 이마티아니학교에 교실 두 칸을 지어주고 엔가쏘라학교에는 교사 주택을 지어주겠다고 했다. 그리고 약속대로 마사이 깊은 동네에 교사를 파견하고 부족한 교실을 지어주었다. 외국인 선교사의 안타까운 마음에서 시작된 학교 건축에 탄자니아 정부까지 관심을 보이니, 이것이야말로 주님의 손길이라 믿는다. 단지 꿈꾸었을 뿐인데, 주님께서 앞서 가시며 친히 경영해 주신다.

 땅을 갈고 씨를 뿌리고 거름을 주고 사랑으로 보살피다 보면, 주님께서 열매 맺게 하신다는 진리는 변함이 없다. 자라게 하시는 분은 주님이시고 열매 또한 주님의 몫임을 믿고 오늘도 묵묵히 내 소명을 다한다.

하나님 믿어 복 받은 엔가쏘라 동네

마사이 길은 언제나 예측할 수 없다. 아는 길이라 해도 한 치 앞을 알 수 없어 긴장감을 안고 길을 나선다. 비가 휩쓸고 간 길은 수시로 변하기에, 자주 다니는 길도 늘 새로운 길처럼 느껴진다. 이렇게 험한 곳에 사람이 산다는 것이 놀랍게 느껴질 때가 있다.

건축 자재를 운반하는 화물차 기사는 매번 같은 말을 내뱉는다.

"다시는 여기에 못 들어오니 다른 차를 알아보세요! 돈을 더 줘도 못 들어오니 그런 줄 아세요!"

지하수 개발에 설치할 발전기를 싣고 아침 일찍 출발했던 트럭이 마을 입구의 모래밭에 빠졌다. 몇 명이 달라붙었지만, 꼼짝도 하지 않았다. 결국 60여 명이 힘을 모은 끝에 네 시간 만에 겨우 빠져나올 수 있었다. 어렵게 교회에 도착해 발전기를 내려놓았다. 성도들은 늦었으니 자고 가라 했지만, 나는 길 안내를 위해 다시 트럭을 타고 길을 나섰다. 다른 길로 갔지만 그 길 역시 험난했다. 실랑이를 하며 11km를 빠져나오는 데 무려 네 시간이 걸렸다. 집에 도착하니 새벽 4시였다.

2017년 12월, 드디어 엔가쏘라 지역에 180m 지하수 설치를 마쳤다. 이곳은 작은 산들로 둘러싸인 외진 마을로, 정부의 관심 밖에 있었고 발전과 개발과는 거리가 먼 곳이었다. 나무 밑에서 예배를 드리기 시작했고, 교회와 학교가 세워지고, 이제는 땅속에서 나오는 깨끗한 물을 펑펑 사용할 수 있게 되었다.

교회와 학교가 들어서니 교육감이 찾아오고, 마을이 생긴 이래 처음으로 국회의원이 다녀갔다. 그들은 자신의 업적인듯 어깨에 힘이 들어가 있었다. 모든 영광은 주님께 돌려야 마땅하다. 하지만 설령 정부가 그 공을 가져간다 해도, 이 낙후된 마을에 관심을 가지고 찾아와 준 것만으로도 감사할 일이다.

이제 건기에도 물 걱정을 하지 않게 되었다. 깨끗한 식수를 마실 수 있으니 삶의 질이 달라지리라 기대한다. 큰 용량의 발전기를 설치했더니 물탱크에 금세 물이 가득 찬다. 물이 충분해서 인근 마을 사람들까지 물을 길러 올 정도이다. 사람들은 물을 길어가면서 교회에까지 찾아오고 있다.

자기 마을보다 훨씬 낙후되었던 엔가쏘라에 교회와 학교, 우물이 생긴 것을 보고 놀란 사람들은, 이 마을에 하나님이 함께하신다고 고백했다. 엔가쏘라는 이제 주술사를 배출하는 영엄한 동네가 아닌 하나님의 영이 운행하는 동네이자 '하나님을 믿어 복 받은 마을'로 불리게 되었다.

고단한 여인들을 위한 방앗간

마사이 사람들의 주식은 옥수수다. 끓는 물에 옥수숫가루를 넣고 주걱으로 저어 만든 '우갈리'는 시루떡 같은 모습이다. 우갈리는 마사이의 생명줄과도 같은 음식이다. 만일 옥수숫값이 오르면 우갈리 대신 옥수숫가루에 물을 많이 넣어 묽게 끓인 '우지'를 먹는다. 잠자기 전에 먹어야 배 꺼지기 전에 깊이 잠들 수 있다.

시골이나 오지에는 옥수숫가루를 만드는 방앗간이 드물다. 미리 사두면 좋겠지만, 날씨가 더워 금방 상하기에 장기 보관이 어렵다. 이런 상황에서 2018년에 엔티카렛교회, 나이보르소티교회, 엔훠르엔데게교회, 렌지교회 앞마당에 방앗간을 세웠다. 가난한 나라에서 고단한 삶을 사는 여인들을 위해 여선교회가 후원해 주어 추진할 수 있었다.

후원의 의미대로 방앗간은 여성들의 힘겨운 삶에 큰 힘이 되었다. 무거운 옥수수를 이고 먼 길을 가야 했던 여인들이 이제는 교회 앞마당에서 손쉽게 빻을 수 있게 되었다.

방앗간이 생긴 뒤로 예수님을 믿지 않는 여인들까지 옥수수를 빻아간다. '때는 이때'라고, 성도들은 옥수숫가루를 기다리는 여인들에게 다가가 대화를 나누며 예수님 이야

기를 전한다. 방앗간은 단순한 편의를 넘어 복음을 전하는 창구가 되었다. 예수님을 믿지 않는 사람들이 방앗간을 찾으면서 교회와 가까워졌다.

　작은 방앗간 하나가 마사이 여인들에게 위로가 되고, 삶의 무게를 덜어주는 은혜가 되고 있다. 복음은 때로 이렇게 소리 없이 실천으로 다가온다. 그것이 진짜 사랑이며, 참된 선교이다.

작은 교회의 큰 선교

　작은 상가건물 2층에서 예배드리던 한 교회가 2년간 기도하며 준비한 끝에, 선교팀을 꾸려 찾아왔다. 싱가폴의 한 작은 교회는 항공권과 선교지에 필요한 것들을 할부로 구입해 선교지에 다녀가기도 했다. 선교는 하고 싶은데 돈이 없어서 할부 결제를 했다니… 감동을 넘어 마음이 아팠다. 그들은 선교가 아무나 할 수 있는 일이 아님을 몸소 보여주었다. 하나님을 사랑하고 영혼을 사랑하면 할 수 있다는 진리를, 말이 아닌 몸과 마음으로 증명해 주었다.
　마사이 성도들과 사역자들은 교회와 학교를 세우기 전에 차부터 사야 하는 것이 아니냐며 걱정했다. 그들은 오토바이만 타고 다니는 나를 가진 것 없는 목사로 여겼다. 그것도 늘 혼자서 다니니, 그런 선교사를 긍휼히 여겼다.
　한국에서 선교팀이 도착했다. 빌려온 봉고차와 차량으로 한국인들과 다니는 모습을 본 성도들은 놀라워했다. 나는 그 순간을 놓칠 수 없었다. "나, 이런 사람이야!" 하며 어깨에 힘을 뿜뿜 주었다. 선교팀이 떠난 뒤, 그들이 남기고 간 사진들을 바라보며 나도 모르게 중얼거렸다.
　"하나님, 참 감사합니다."
　현지 동역자들과 한국에서 온 8명의 용사들은 일주일 동안 무려 여덟 교회를 돌며 성경학교와 체육대회를 열어주었다. 무리한 일정에도 불구하고 그들은 쉬지 않고 사랑으로 섬겨 주었다.
　그렇게 2016년에 다녀가더니, 다시 마사이 선교를 위해 찾아왔다. 첫 방문 이후 3년 만에 다시 온 그들은 여전한 선교의 불, 사랑의 불, 성령의 불을 뿜어냈다. 9개 교회로 부흥한 마사이 교회들과 유치원, 초등학교 5곳을 단기간에 방문하며 성경학교와 미니운동회를 열었다. 정말 강한 군사들이 아닐 수 없었다. 그들의 열정을 감당하지 못한 나는 병이 나, 운동회가 열리는 중에 교실에 뻗어 버렸다. 선교사가 그러거나 말거나 선교팀은 지치지 않고 자신들의 할 일을 감당해 냈다.

상가건물 2층에서 예배를 드리던 작은 교회 교인들이었다. 2016년 단기 선교를 다녀가고 다음해인 2017년부터 마사이 아이들과 결연을 맺고 후원하기 시작했다. 그런데 후원을 약정한 그달에, 교회는 전세를 월세로 변경하는 임대계약 통보를 받았다. 34명의 아이들과 결연을 맺고서 어떻게 월세까지 낼 수 있겠는가, 무리였다.

없는 재정에도 선교지의 아이들을 섬기겠다고 결단한 그때, 하나님은 더 깊은 광야로 내모셨다. 그러나 그 광야는 메마른 땅이 아니었다. 풍성한 잔치가 예비된 장소였다. 교회는 그 일을 하나님께서 복 주시는 증표로 여겼다. 어려운 가운데 새 성전을 구입해 교회를 이전했다. 하지만 건물 대출 이자를 갚아야 하는 상황에서도 한 번도 거르지 않고 후원금을 보내왔다.

교회의 뜨거운 사랑은 이 땅에 부어지는 마중물이 되었다. 그 결과 후원교회들과 개인후원자들을 통해 백여 명에 가까운 아이들이 장학금과 생활 개선 지원을 받게 되었다. 아이들의 성장을 바라보는 일은 그 어떤 기쁨보다 크다.

꿈인가, 생시인가?

2019년 1월부터 올도뇨란다레교회 성전 건축을 시작했다. 없던 길을 내어 건축 자재를 옮기고, 모아 둔 빗물의 양을 헤아리며 하나씩 진행했다. 타 부족 출신의 건축 인부들이 고된 노동을 감당해 주었다.

일하는 동안 벌레가 인부들의 피부를 뚫고 들어가는 경우가 생겼다. 임시 간호사가 된 나는 살을 절개해 벌레를 꺼내고, 항생제를 먹이며 연고를 발라 치료해 주었다. 또 빗물을 모래로 정수해 마시다가 배탈이 나는 경우도 잦았다. 모든 상황이 열악했지만 하나님은 차질 없이 건축이 진행되도록 도우셨다.

나무 밑에서 공부하던 아이들이 흙으로 지은 교실에서 공부하고 있다. 머지않아 새로 건축된, 깨끗하고 안전한 공간에서 공부하게 될 것이다. 아직도 초등학교 입학 문제, 먼 등굣길 등 해결할 과제들이 많지만, 아이들에게 교실이 있다는 사실만으로도 행복 그 자체다.

12월에 소를 몰고 떠났던 어른 목동들이 이듬해 4월 마을로 돌아왔다. 마을 길목에 들어선 목동들이 놀라움을 감추지 못했다. 낯익은 자리에 교회와 유치원, 화장실, 세례터, 부엌이 들어서 있었기 때문이다. 아무것도 없던 마사이 동네에, 단 몇 개월 사이 벽돌과 시멘트로 세운 교회와 유치원이 세워졌다. 다른 세상으로 변한 마을을 보며 한 목동이 이렇게 말했다.

"이게 꿈이야, 생시야?(Mbona, hii naiona, Je ndoto au Kweli?)"

하나님은 지금도 살아 계셔서 이 땅 한가운데서 일하고 계신다.

어떤 소리에도 흔들리지 않기를

한 주에 한 교회씩 순회하며 주일예배를 드리고 있다. 한국을 다녀온 뒤로 오랜만에 롱기도교회에서 예배를 드리게 됐다. 교회 안으로 들어갔더니 마마 막달레나가 강단에서 손을 들고 간절히 기도하고 있었다. 그녀는 나를 발견하자 다가와 말했다.

"목사님이 한국에 가시고 나서 어떤 선교사가 롱기도에 찾아왔어요. 200미터 떨어진 다른 교회와 연결되어 30명의 아이들을 후원하기 시작했대요." 그러면서 조심스레 덧붙였다. 롱기도교회 아이들과 엄마 몇 명이 그 교회로 옮겨갔다는 내용이었다.

"갈 사람은 가고 남을 사람은 남아요. 사람들은 먹을 것을 주는 사람을 따라가지만, 신앙은 그런 게 아니잖아요. 오늘 예배드리는 성도들은 그런 유혹에 흔들리지 않고 남은 그루터기들이에요."

막달레나는 이 문제로 내가 상처받을까 염려했다고 했다.

롱기도 타운에 타 부족 사람들이 돈을 벌기 위해 이주해 오고 있다. 국경지대 마을이기 때문이다. 사람 따라 교회가 우후죽순 열리고 있다. 음향 기기를 마련해 놓고 찬양을 크게 틀어 놓거나 사역자들의 왕왕거리는 소리가 스피커를 타고 크게 들린다. 소리만 들으면 몇 천 명이 모여 함께 예배드리는 듯싶다. 그러나 실제 예배 인원은 손에 꼽을 정도로 적은 수다. 경쟁적으로 이 교회, 저 교회에서 울려 퍼지는 찬양 소리는 왜 시끄러운 걸까? 은혜로워야 할 소리가 시끄러운 소리로 변해버렸다.

롱기도교회 성도들이 헌금을 드리는데, 투박한 깡통 저금통이 따로 마련돼 있었다. 예배 인도자에게 물으니 교회 음향시설 구입을 위해 마련한 특별 헌금함이라고 했다. 성도들의 마음이 참 고왔다. 음향시설이 거짓과 가식이 아닌 아름다운 예배의 도구로 쓰임받기를 기도했다. 전기도 들어오지 않는데 음향기기가 필요하다며 준비하는 그들의 마음을 생각하며 "믿음대로 될지어다"를 선포했다. 그랬더니 얼마 지나지 않아 봉헌예배를 드리러 온 후원교회를 통해 음향 장비가 마련되었다. 이후 음향 장비는 한 청년이 관리까지 하면서 애지중지 예배를 위해 사용되고 있다. 너무 시끄럽지 않게 말이다.

롱기도 지역에서 일어나는 일들을 겪으며, 문득 백범 김구 선생의 말씀이 떠올랐다. "나는 발이 되어 살자." 훗날 주님께서 "복음의 신을 신은 너의 발이 참 아름답구나!"라고 칭찬해 주시는 날을 소망하며, 어떤 소리에도 흔들리지 않고 조용히 이 길을 걷는다.

빈 들의 기적

몇 해 전부터 교회 설립을 요청하고 있는 신야 지역을 찾았다. 작년에 어떤 사람이 감리교(MCT) 소속이라며 이 지역에서 사역하게 해 달라고 요청했다고 한다. 롱기도 지역에서 교단의 위상이 높아지자 교단 이름을 빌려 사역하려는 이들이 생겨났다. 마사이 지역에서 교회를 개척하려면 동네 허락을 받아야 하는데, 외지인들이 감리교회와 선교사의 이름을 팔고 있었다.

평일에 시간을 낼 수 없어 토요일에 동네 이장과 면장, 서기를 만나기로 했다. 토요일은 근무하는 날이 아닌데도 그들은 사무실에서 기다렸다가 나를 맞아주었다.

2018년 5월 5일, 신야 마을에서 나무밑교회 개척예배를 드렸다. 수개월 전부터 기도로 준비하며 많은 과정을 거쳤다. 면사무소에서 허가서를 받은 뒤 동네 이장을 통해 군청 종교부서에 정식 허가를 요청했다. 그렇게 모든 절차를 마치고서 개척예배를 드렸다.

가장 큰 나무에 나무 십자가를 세웠다. 이 십자가는 2007년 엔키카렛교회 개척 때 사용했던 것이다. 이후로 교회를 개척할 때마다 이 귀한 십자가를 나무에 매달았는데, 강한 햇빛과 비바람에도 십수 년 동안 잘 견뎌주었다. 그런 십자가를 신야 마을로 가져와서 개척예배를 드린 것이다.

신야는 킬리만자로산이 병풍처럼 둘러싼 아름다운 마을이다. 내가 섬기는 다른 지역과 달리 가시덤불이 거의 없지만, 비가 내리지 않을 때는 사막처럼 척박해진다. 이 마을을 알게 된 것은 렌지교회 초등학교의 냔쟈 선생님이 신야초등학교로 전근하면서이다.

신야는 암보셀리국립공원과 가까운 탓에 코끼리떼 출몰이 잦아 아이들이 등굣길에 희생되는 일이 종종 일어난다. 유일한 공립 기숙학교도 열악하기 이를 데 없어, 교도소인지 학교인지 구분이 가지 않았다. 외국인 선교사를 처음 본 아이들은 겁에 질려 눈을 가리거나 차 소리에 놀라 짐승처럼 달려들기도 했다.

선교하며 배우는 것이 있다면, 상황은 언제든 바뀔 수 있다는 것이다. 선교사가 하고 싶다고, 지역 주민이 원한다고 해서 일이 순탄하게 진행되지 않는다. 결국 모든 일을 하나님 손에 맡기고 그분의 뜻에 순종하는 수밖에 없다.

신야교회 건축은 열악한 여건 속에서 부족함을 메우고 아쉬움을 채우며 진행했다. 드디어 먼지와 강풍, 장대비와 뙤약볕를 피할 수 있는 예배 처소가 마련됐다. 이것이 기적이다. 홍해가 갈라지고 죽은 나사로가 살아나는 것만이 기적이 아니다. 빈 들에 성전을 세우고 그 안에서 예배드리는 오늘이 바로 기적이다.

한국 교회와 성도들이 땀 흘려 드린 물질로 이 기적이 가능해졌다. 귀한 헌신으로 이뤄진 아름다운 열매에 깊이 감사드린다.

 ## 섬, 큰 바위 위에 세운 교회

　빅토리아 호수는 케냐, 탄자니아, 우간다 세 나라에 걸쳐 있는 거대한 호수다. 남한 면적의 75퍼센트에 달하는 크기로, 수천 개의 섬이 그 안에 흩어져 있다. 그 섬들 가운데 하나인 이징가(Ijinga) 섬에는 약 3천 명의 주민이 살고 있으며, 2개의 초등학교에서 약 600명의 아이들이 공부하고 있다. 중학교 아이들은 매일 배를 타고 육지로 나갔다가 돌아온다.

　섬에는 물이 풍부해 농사가 가능하고, 일 년 내내 민물고기를 잡을 수 있다. 하지만 아루샤 롱기도 지역에서 무려 1,000km나 떨어진 곳이라 찾아가는 것이 쉽지 않다. 롱기도에서 버스를 타고 아루샤에 도착해 하룻밤을 자고, 다시 12시간 버스를 타고 무완자에 도착해 또 하루를 보내야 한다. 다음 날 다시 버스를 타고 이동해 오토바이를 타고 작은 부둣가로 향한 뒤, 쪽배를 타고 30분간 이동하면 이징가 섬에 도착한다. 그 후 다시 오토바이나 도보로 한 시간 이상 들어가야 교회에 닿을 수 있다.

　일 년에 두 번 방문하는 이징가교회는 2007년부터 나무 밑에서 예배드리기 시작했다. 그러다가 2017년에 교회터를 매입해 흙벽돌을 쌓고 양철 지붕을 올려 아늑한 예배당을 마련했다. 처음 이징가교회를 방문한 이후, 매년 다시 찾을 때마다 성도들의 믿음이 자라는 것을 느꼈다. 그들의 정성과 열심을 보며, 나 역시 힘닿는 대로 돕고자 했다.

　탄자니아 선교를 위해 함께 기도하던 후원교회의 여선교회를 통해 이징가교회 건축을 시작하게 되었다. 여선교회 회원들은 일 년 동안 꽈배기, 멸치, 고춧가루, 고구마, 젓갈 등을 팔아서 모은 돈을 건축 헌금으로 보냈다. 주님께서 주신 감동은 우리에게 일할 동력을 준다. 여선교회의 헌신으로 돌 위에 교회가 지어졌다.

나는 인천 연안의 이작도라는 섬에서 유년 시절을 보냈다. 가정교회로 시작한 이작교회는 대나무 숲 안에 흙벽돌로 작은 예배당을 지어 예배를 드렸다. 그때 초등학교 3학년이던 나는 엄마를 따라 바닷가에서 모래와 자갈을 이고 날랐다. 엄마는 그 흙과 모래와 자갈로 성전의 기초를 닦는다고 말씀하셨다. 그때 건축한 교회는 그 모습 그대로 남아 있다. 그 시절의 나와 엄마처럼, 이징가교회 성도들도 머리에 양동이를 이고 모래를 날라 성전 건축을 위해 정성과 힘을 쏟았다.

2020년 2월 23일, 이징가교회의 봉헌예배를 드렸다. 코로나19 바이러스가 확산되기 전, 후원교회의 여선교회원들이 이곳에 왔다. 케냐 나이로비 공항에 내려 육로로 국경을 지나 탄자니아 롱기도에 도착했다. 롱기도에서 아루샤 시내로까지 나가 국내선을 타고 무완자에 내렸다. 다시 차를 타고 쪽배가 다니는 선착장에 내려 배를 타고 이징가 섬에 도착해 봉고차를 타고 들어가니, 굳건한 반석 위에 세운 이징가교회가 보였다.

이 모든 변화는 기적이라 말할 수밖에 없다.

 # 복의 통로로 쓰임받는 기쁨

극심한 가뭄으로 가축들이 떼죽음을 당해 우유 없이 끓인 차이를 손님들께 대접했다. 먼 길을 찾아온 손님들에게 염소 한 마리조차 드릴 수 없는 것이 못내 아쉬웠다.

가장 깊숙한 동네인 엔가쏘라에 교회와 학교가 세워졌다. 학교 봉헌예배를 앞둔 어느 날, 선교팀이 두고 간 풍선 꾸러미를 선생님에게 주면서 봉헌예배 때 장식해 달라고 부탁했다. 그러면서 쓰고 남은 풍선은 오실 손님들이 아이들을 위해 풍선을 불어줄 것이라고 일렀다.

봉헌예배 당일, 흙길과 돌산길을 넘어 선교팀을 데리고 왔다. 학교로 향하는 길에 저 멀리서 색색의 풍선을 흔들며 뛰어나오는 아이들이 보였다. 마치 종려나무 가지를 흔들며 예수님을 맞이하듯, 아이들  은 풍선을 들고 기쁨으로 손님들을 환영했다. 먼지 속을 달려와 반기는 아이들의 모습은 가슴을 벅차게 했고, 손님들은 감동하며 눈시울을 붉혔다. 손님들이 아이들을 위해 불어주기로 한 풍선으로, 아이들이 손님들을 맞았던 것이다. 뜻밖의 환영은 먼 길을 온 선교팀에게 주시는 하나님의 은혜였다. 주님께서 예비하시는 은혜는 이렇게 높고도 깊다.

멀리서부터 전해오는 사랑의 손길이 참 고맙다. 선교사가 되어 복의 통로로 쓰임받음에 감사하다. 더 많은 사람에게 그리스도의 사랑이 골고루 흘러가기를-.

아이들이 존중받으며 살아갈 그날을 기대하며

가슴에 남는 아이들이 있다. 그중 한 명이 셀리티안이다. 두 손을 번쩍 들고 찬양하고, 어린 동생들을 씻겨 교회에 데려오던 아이였다. 맏딸인 셀리티안은 연달아 출산하는 엄마를 도와 집안일과 동생들을 돌봐야 했다. 가정 형편도 좋지 않아 학교에 보내지 않았다. 그런 셀리티안을 만나기 위해 심방을 갔다. 교역자 월례회에서 고작 15세인 셀리티안이 소 다섯 마리를 받고 시집간다는 보고를 들었기 때문이다.

아동 결연을 시작한 첫해부터 나는 셀리티안을 연결해 후원했다. 그런데도 아이의 아버지는 딸을 학교에 보내지 않았다. 마사이에서는 첫째 아이가 남편의 아이가 아닌 경우가 많다. 가임기가 시작된 여자아이들이 결혼 전에 출산해 낳은 아이를 데리고 시집을 가곤 한다. 만약 상대측에서 거부하면 친정엄마가 딸이 낳은 아이를 키운다. 셀리티안을 학교에 보내지 않은 이유가 그것일지도 모른다.

2년이라는 시간이 흐른 어느 날, 아이의 아버지가 찾아왔다. 동네 사람들에게 후원금을 받아먹기만 한다고 야단을 들었다고 했다. 딸아이의 학교를 알아봐 달라고 했지만, 학교는 다 큰 셀리티안을 받아 주지 않았다. 결국 검정고시학원을 2년간 다니게 한 후 초등학교 4학년에 편입시켰다.

공부가 재미있다고 재잘대던 아이였다. 스와힐리어도 알아듣고 숫자도 셀 줄 알게 된 아이의 모습에 나 또한 기뻤다. 그런데 아이의 결혼 소식을 들으니 마음이 무너졌다.

집안 어른(원로)이 "셀리티안이 글을 알아 결혼 지참금으로 소를 다섯 마리나 받을 수 있다"며 아빠를 꼬드겼다. 글을 모르면 양이나 염소를 받거나 소 한두 마리밖에 받지 못한다. 그런데 글을 알고 셈을 할 수 있다는 이유로 지참금이 소 다섯 마리로 훌쩍 올랐다.

"누가 셀리티안을 공부시켰는데? 한국의 권사님이잖아! 왜 자기들이 소를 받아! 소를 주려면 후원자인 권사님을 줘야지!"

아이 아버지의 결정에 화가 났다. 아무리 마음을 굳게 먹어도 유혹하는 이들이 있다. 형편이 어려웠던 아버지는 유혹에 넘어가 몰래 아이를 시집보내려 했고, 그 소식이 내 귀에 들린 것이다. 나는 그를 찾아가 셀리티안의 시험지와 성적표를 던져 주고 돌아왔다. 보통 때 같으면 크게 화를 낼 목사가 아무 말 없이 돌아가니, 그는 침묵 가운데 공포를 느꼈다고 했다. 결국 아버지는 셀리티안이 학교를 마칠 때까지 혼인을 미뤘다.

이제 셀리티안은 학교를 다니며 공부만 하면 됐다. 그런데 또 문제가 생겼다. 셀리티안이 임신을 한 것이다. 집에서 함께 지내던 친척이 아이를 임신시켰다. 아이는 학업을 중단하고 18세에 아들을 출산했다. 낙심한 내게 찰레가 말했다.

"목사님, 셀리티안이 비록 학교를 마치지는 못했지만 이제 스와힐리어를 쓸 줄 알고 산수도 할 수 있어서 더는 사람들에게 무시당하지 않고 존중받는 여성의 삶을 살게 될 것입니다. 그러니 이 일을 계기로 여자아이들 후원하는 것을 멈추지 말아 주세요!"

우리는 열매를 바라고 씨를 뿌린다. 셀리티안을 후원한 이 역시 그 아이에게 기대하는 것이 있었을 것이다. 셀리티안이 학교를 졸업한 뒤 좋은 직업을 갖고 영향력 있는 그리스도인으로 살아가기를 기대했지만, 하나님의 뜻과 계획은 우리와 다르다. 셀리티안은 후원을 통해 학교에서 글과 셈을 배웠고 그것만으로 마사이에서 존경받는 삶을 살 것이다. 하나님의 은혜 안에서 복 된 삶을 살 것이다.

그래서 포기하면 안 된다. 우리가 바라고 기다리던 열매가 열리지 않았을지라도….

배 자매 덕분에 양철집을 짓다

어린이도서관에서 책을 관리하는 티파야가 여섯 번째 아이를 출산했다. 말수가 적고 순전한 티파야는 찰레만큼이나 내가 깊이 신뢰하는 사람이다. 출산한 지 얼마 되지 않아, 전도부인 훈련에 참석하지 못했다. 다섯 번째 출산 후에는 어린 사무엘을 밀입국시켜 케냐까지 해외 선교 여행을 다녀왔다. 그런 티파야가 이번 훈련에 참석하지 못해 무척 아쉬워한다는 이야기를 듣고 심방을 갔다.

티파야가 손수 지은 보마는 초라했다. 16세에 첫 출산을 하여 현재 그녀의 큰딸이 18세다. 열여섯 살이나 많은 남편은 케냐 키뎅겔라 지역에서 밤 경비원으로 근무하고 있어 일 년에 한두 번 집에 온다. 그때마다 아이들이 태어나고 있다.

결혼 지참금을 줄 수 없었던 남편은 야곱처럼 그녀의 친정집에서 7년 동안 가축을 돌본 뒤에 티파야를 아내로 맞았다. 사랑 없는 결혼이었지만, 성숙한 아내를 맞은 남편은 복이 있다.

찾아간 티파야의 집은 큰비가 오면 무너질 것 같았다. 여섯 명의 자녀와 시어머니와 함께 지내기에는 작아 보였다. 작아도 너무 작았다. 예전 이 마티아니교회를 재건축할 때, 건축 자재를 보관하기 위해 만든 양철 창고가 생각났다. 그 자재들을 뜯어 사용하면 그녀에게 안전한 보금자리를 만들어 줄 수 있겠다는 생각이 들었다.

시멘트, 못, 자갈, 모래, 물, 인건비가 문제였다. 그래서 나는 '언니 찬스'를 쓰기로 했다. 한국의 세 언니에게 도움을 청했다. 언니들은 흔쾌히 응답했고, 이왕이면 튼튼한 벽돌집으로 잘 지어주라고 했다. 언니들의 마음은 고마웠지만, 벽돌집을 짓지 않기로 했다. 티파야가 괜한 시기와 오해를

사서 미움받지 않기를 바랐기 때문이다. 대신 다른 가정을 함께 도와주자고 했다.

집을 짓는 동안 티파야 아이들의 웃음 소리가 교회까지 들렸다. 작은 나눔이 티파야 가정에 큰 기쁨이 되었고, 그들의 웃음은 나에게 큰 위로가 되었다.

레보에게 찾아온 선물

이마티아니교회 레보의 양철집이 완공되었다. 건축 자재를 보관하던 임시 창고를 해체해 얻은 양철판으로 시작한 일이었다. 양철판을 재활용해서 엔훠르엔데게교회 티파야의 집을 지었었다. 그것이 계기가 되어 '양철집 짓기 프로젝트'가 시작되었다.

마사이의 전통 가옥인 소똥집은 단단한 나무로 뼈대를 세우고 그 사이를 잔가지로 얽은 뒤, 소똥과 진흙을 섞어 바르는 방식으로 지어진다. 소똥은 쉽게 구할 수 있을 뿐 아니라 수분기가 있어 물 없이도 미장이 가능하며, 섬유질과 기름기로 인해 방수도 가능하다. 낮에는 시원하고 밤에는 따뜻하며, 비바람까지 막을 수 있는 훌륭한 건축 재료이다. 좁은 출입구 때문에 허리를 굽혀야 들어갈 수 있지만, 외부의 야생 동물로부터 안전하게 지켜준다. 지붕은 동물 가죽 위에 갈대나 검불을 덮어 마감한다.

그런데 가뭄이 지속되면서 가축이 줄어 소똥을 구하기 어려워졌다. 갈대 또한 구하기 어려워져 지붕을 보수하기가 쉽지 않았다. 흔하디흔한 소똥집 짓기가 이제는 여유 있는 가정이나 가능한 일이 되었다. 예전엔 당연했던 것이 점점 사치가 되고 있다.

이런 상황에서 양철집은 레보에게 큰 선물이 되었

다. 지붕에 떨어지는 빗물을 받아 사용할 수도 있고, 무엇보다 거센 비바람을 막아주는 튼튼한 공간이 생겼다. 몸이 불편한 나보에게 그녀의 키에 맞춘 낮은 침대와 책상도 함께 선물했다. 작은 변화지만, 그들의 삶에 깊은 위로와 희망이 되었다.

선교사의 집, 첫날

파송교회에서 나의 안전과 쉼을 위해 주택을 지어주었다. 내게는 넓은 집이 필요하지 않다. 유년 시절 교회에서 종일 책을 읽으며 놀던 기억이 있기에, 이곳 아이들에게 책 속 세상을 보여주고 싶은 마음이 간절했다. 그래서 주택 1층은 도서관 겸 공부방으로 사용하기로 했다.

땅을 파고 기초를 놓고 벽돌을 올렸다. 아무것도 없는 마을에 신식 건축물이 세워지는 모습을 구경하던 한 어른이 내게 다가와 말했다.

"목사님은 넓디넓은 땅에서 왜 하필 사람 묻힌 자리에 집을 지으십니까?"

나는 어느 할아버지가 묻힌 자리라는 것을 전혀 몰랐다. 마사이들은 내가 무서움을 모르는 용감한 목사라서 개의치 않는다고 생각해 말을 해주지 않았다고 했다. '몰라서 짓는 거지 알았으면 했겠나! 진작 말해 줬어야지!' 미리 알려줬으면 피했을 일인데 막상, 알게 되니 조금은 등골이 오싹했다. 그러나 어쩌겠나, 돌이킬 수 없었다.

창문에 유리를 끼우지 않은 미완공 상태에서 입주를 했다. 입주 첫날 밤이었다. 바람에 철문이 덜컹거리고 유리 없는 창문으로 찬 바람이 들어왔다. 전기가 없어 촛불을 켰지만 방 안은 어두웠다. 주변에는 집도 사람도 없어 소리를 쳐도 대답할 사람이 없었다.

그날 밤, 문득 땅 밑에 묻힌 시체 이야기가 떠올랐다. 소름이 돋고 두려움이 엄습했다. 주기도문을 외우며 주님의 이름을 부르다 잠이 들었다. 그리고 꿈을 꾸었다. 키 크고 마른 마사이 할아버지가 나타나 내 발목을 붙잡고 기계인간 형사 가제트처럼 늘어난 긴 팔로 나를 덮쳤다. 옴짝달싹할 수 없을 만큼 두려운 꿈이었다. 어찌나 두렵고 무서웠던지 꿈속에서 엉엉 울며 주님께 호소했다.

"주님, 이렇게 무섭고 두려우면 앞으로 어떻게 이 마사이 집에서 살 수가 있겠습니까?"

다시 주기도문과 시편 23편을 암송하며 주님의 이름을 불렀다. 일순간 두려움이 사라져 깊은 잠에 빠져들었다.

주택 외벽은 미장질도 페인트칠도 하지 않기로 했다. 마사이 가시나무 숲과 조화를 이루고 싶었다. 2층 콘크리트 주택은 이미 마사이 땅에서 눈에 띄었다. 나는 사람들에게 위화감을 주고 싶지 않았다. 그래서 외장 마감을 하지 않았다. 완성되지 않은 그 모습이 오히려 이 땅에서는 완성이다.

요하나 장로님의 문자를 받다

재건축한 롱기도교회에서 아루샤지방회가 열렸다. 여러 안건을 처리하고, 3년 만에 목회자들을 새로운 교회에 파송했다. 각 교회 기타보고 시간에 목회를 위한 오토바이 사용, 우물 프로젝트, 방앗간 수입지출 내역 등의 안건을 처리하다가 아루샤 지방의 제일 어른인 나이보르소티교회 요하나 장로님과 약간의 충돌이 있었다.

회의를 마쳤는데, 장로님이 보이지 않았다. 말도 없이 집으로 가 버리셨다. 12년 동안 수없이 만날 때마다 헤어지기 전에 꼭 인사를 건네고 가시던 장로님이셨다. '무슨 일이지? 뭐지?' 싶었지만, 지방회가 늦게 끝나 정신이 없었다. 저녁 늦게서야 집에 돌아왔다.

다음 날 롱기도교육청의 초대를 받아 늦게까지 교육부 행사에 참여했다. 어제의 일은 잊어버린 지 오래였다. 늦은 밤 낯선 번호로 전화가 오는데 받질 못했다. 전화기에 문제가 생겨 입력한 번호가 모두 사라진 뒤로는 낯선 번호는 받지 않는다. 많은 사람에게 내 번호가 알려져 불필요한 전화가 많았기 때문이다.

"띠링" 하며 문자가 왔다. 문자를 확인한 순간, 나는 얼어버렸다. 요하나 장로님의 문자였다.

"목사님, 우리 주님을 찬양합니다. 저 요하나 장로입니다. 어제 지방회 때 서로 이해를 잘못하여 죄송합니다. 사탄의 유혹이 있었습니다. 그래서 어제와 오늘 잠을 잘 수가 없었습니다. 용서를 구합니다. 안녕히 주무십시오."

장로님은 스와힐리어를 모른다. 부족어인 마사이어도 구어로만 사용하는 문맹이다. 교회의 어른이자 롱기도 오로봄바 지역의 전통을 지키는 대표 원로가 글을 아는 이에게 부탁하여 내게 문자를 보낸 것이다. 마사이 공동체 안에서 어른이 용서를 비는 것은 수치스러운 일이다. 그런데 누군가에게 그러한 내용을 알려 문자를 보냈으니 대단한 용기였다.

장로님의 겸손한 모습에 순간 나 자신이 부끄럽게 느껴졌다. 심장이 콩콩 뛰었다. 바로 장로님에게 전화를 걸었다. 그리고 장로님을 오해했던 잘못에 대해 용서를 구했다.

장로님을 통해 깨달은 것이 많다. 가정 안에, 성도 안에, 교회 안에, 교단 안에, 세상 가운데 화해와 용서가 있기를 바란다. 나를 낮추면 용서하고 이해할 마음이 생긴다. 선교사가, 목사가 목이 굳으면 안 된다. 섬김의 본을 보이신 예수님처럼 낮아져서 만나는 사람들을 나보다 낫다고 여겨야 한다.

친구와 같은 윤호영 선교사님의 소천

케냐에서 5년, 탄자니아 웃사 지역에서 7년간 사역한 윤 선교사님이 2016년 6월 유치원 협력 사역을 위해 마사이로 오셨다. 66세의 나이에도 소녀 같았던 선교사님이 오시자 아이들의 웃음소리가 더 맑아졌다.

그분은 내게 특별한 존재였다. 외로운 선교지에서 교류가 많지 않던 나에게 동역자이자 선배요, 때로는 어머니 같은 분이었다. 교육자로서 아이들에게 하나님의 말씀과 삶의 지혜를 균형 있게 가르치는 모습은 늘 본받고 싶었다.

선교사님은 마틴 로이드 존스 목사님 책을 좋아했다. 진정한 회개는 '주머니 회개'라면서, 물질을 어디에 쓰느냐를 보면 그 사람의 마음이 어디 있는지 알 수 있다고 하셨다. 그 말 그대로, 선교사님은 당신의 주머니를 열어 아이들을 돌보셨다.

그런데 얼마 지나지 않아 넘어지길 반복하시더니 팔목까지 부러졌다. 다음 해 부활절 예배를 드리고 병원 검진차 한국에 들어가셨다. 한국에 도착한 다음 날, 오른쪽에 마비가 왔다. 검사 끝에 뇌종양 말기라는 진단을 받았다. 결혼하지 않은 선교사님은 70세가 넘은 언니들의 보호를 받으며 요양에 들어갔다. 수술은 하지 않고 기도원에서 요양하기로 하셨다. 전화기로 들려오는 목소리는 언제나처럼 밝았다. 그래서 건강 상태를 더 짐작할 수 없었다.

나는 한국에 들어가 선교사님을 뵙기로 했다. 요양 중이신 기도원을 찾았다. 몸에 마비가 와 움직일 수 없는 상태였다. 단 며칠이라도 선교사님을 간호하고 싶었다. 낡은 휠체어에 선교사님을 태워 콧바람을 쐬어 드렸다. 연신 "아~ 좋아, 좋아!" 하며 소녀처럼 기뻐하셨다. 논두렁에 난 풀 한 포기, 길가에 핀 들꽃, 바람에 흩날리는 나뭇잎을 눈에 가득 담으셨다.

선교지로 돌아온 후 매일 선교사님과 카톡을 주고받았다. 그런데 언니에게서 답장이 왔다. 선교사님의 통증이 심해져 세브란스병원에 입원했다는 소식이었다. 주일예배를 드리고 보이스톡을 했더니, 대학 동창들이 병문안 왔다며 한참을 재밌게 놀았다는 이야기를 하셨다. 한국에 와서 맛난 거 먹으며 보고 싶은 사람들을 원 없이 만나 하나님께 감사하다고 하셨다. 다음 날 새벽 안부 메시지를 드렸더니 이번에도 언니가 대신 답장을 보내셨다. "머리가 폭발할 것 같다고 하더니 뇌사에 빠졌어요." 가슴이 철렁 내려앉았다. 그리고 이틀이 지났다.

2016년 6월 마지막 날, 선교사님은 하나님의 품으로 떠나셨다. 늘 내게 "배 목사, 외로운 나그네길 주님과 함께야" 하시던 말씀이 생각났다. 맞다. 우리 인생은 결국 혼자 걷다가 주님께로 돌아가는 여정이다. 선교사님을 떠나보내고, 나는 2층집 벽에 "외로운 나그네 인생길, 주님과 함께!"라고 써 놓았다.

선교사님과 나는 23년의 나이 차가 있다. 하지만 생각이 닮고 마음이 통해 친구처럼 지냈다. 선교사님은 내게 당신의 물건을 어떻게 정리할지 미리 말씀해 주셨다. 먼저 나에게 당신의 선교차량인 프라도 열쇠와 방 열쇠를 주셨다. 오토바이를 타고 다니던 내게 당신의 차를 선물로 주신 것이다. 돈을 모아 차를 사 주고 싶었는데, 그렇게 하지 못할 것 같다면서 말이다. 낡고 오래된 차량이지만 마음껏 마사이를 다니며 선교하라고 하셨다. 20년 된 차였지만, 그 안에 담긴 사랑은 그 무엇보다 값졌다.

그리고 4,000불이 있는데, 그 돈을 현지 목회자에게 생활비로 보내달라고 부탁하셨다. 그리고 남은 돈은 유치원 사역을 위해 써 달라고 하셨다. 유품을 정리하는 동안, 선교사님의 목소리가 맴돌았다.

"배 목사, 내 차 10년만 더 타. 근데 어쩌냐! 죽은 사람 차를 타고 다닐 배 목사 생각을 하니 마음이 아프네. 그래도 오토바이보단 훨 낫잖아. 깔깔깔~."

나는 매년 6월 30일이 되면 선교사님의 이름을 크게 부른다.

"윤.호.영!" 그리고 다짐한다.

'이 땅에서의 선교사님 삶을 제가 기억하겠습니다.'

5

광야 같은 삶,
그러나 멈추지 않는 빛

 ## 낯선 추위, 따뜻한 털모자

　싼 항공권을 구입한 탓에 홍콩을 경유해 남아공을 거쳐 케냐에 도착했다. 다음 날, 육로로 탄자니아 국경을 넘어 사역을 시작할 아루샤에 도착했다. 케냐와 탄자니아에서의 단기 선교 경험이 있었음에도 날씨를 예상하지 못했다. 세 식구는 첫날 밤부터 오돌오돌 떨었다. 탄자니아의 겨울이 이렇게 추운 줄 몰랐다.
　롱기도 마사이 마을도 춥기는 매한가지였다. 춥다며 궁시렁거리다가, 문득 거리가 먼 학교에 오기 위해 이른 아침부터 걷는 아이들이 떠올랐다. 유치원 꼬맹이들도 교실 문이 열리기 전부터 나와 추위 속에서 선생님을 기다린다.
　털모자를 쓴 아이가 눈에 띄어 찰레에게 가격을 물어보았다. 후원자가 목적 없이 사용하라고 보낸 선교비가 있었다. 그래서 세 곳의 유치원 아이들에게 체온 유지에 좋은 털모자를 구입해 전달했다. 가만히 있어도 예쁜

아이들이 모자를 쓰니 더 예뻐 보였다.

그런데 다른 교회 유치원 아이들이 마음에 걸렸다. 세 언니에게 사정을 이야기하니 기쁘게 아이들의 모자 구입비를 보내주었다. 부랴부랴 대량 주문을 해 모두에게 털모자를 나눠 주었다.

해가 두 바퀴 지났다. 중국산 모자는 실이 쉽게 풀려 오래 쓰지 못했다. 또 어른들이 아이들의 모자를 빼앗아 쓰기도 했다. 다행히 추위에 벌벌 떨며 나오는 아이들에게 다시 털모자를 선물해 주게 되었다. 한국의 권사님들이 14개 유치원 아이들을 위해 정성껏 털모자를 떠주시기로 한 것이다. 정성을 모아 무려 700개의 모자를 떠주셨고, 그 귀한 모자가 배를 타고 탄자니아 롱기도 마사이 마을에 오는 중이다. 야홋!

 **꼬마 선교사의 현장 언어**

신학교 사역을 하던 때이다. 어느 날, 책상에 앉아 수업 준비를 하는데, 딸 다은이가 정원사인 사무엘의 딸 엔젤과 함께 들이닥쳤다.
"엄마, 눈 감아봐!"
"뭔데? 싫어!"
아이의 손 뒤로 보이는 꼬리 하나. 죽은 생쥐였다. 깜짝 놀라 소리를 지르자, 다은이는 아무렇지 않다는 듯 생쥐를 쓰레기통에 버렸다. 다은이는 벼룩이 득실대는 똥개 '타이거'와 친구가 되어 날마다 뛰어놀았다. 타이거를 안고 쓰다듬고, 나무에 올라타고, 죽은 생쥐로 장난을 쳤다.

아이는 낯선 삶에 애를 쓰며 적응해 가고 있었다. 유치원에서는 영어로 소통해야 했고, 다음 해 9월 초등학교에 입학해서는 왕복 2~3시간의 통학시간을 감당해야 했다. 아이는 가장 먼저 스쿨버스를 탔고, 돌아올 때는 맨 마지막에 내렸다. 어린 다은이가 과연 견딜 수 있을까 걱정했지만, 할머니가 해마다 먹인 보약으로 잘 이겨냈다.

하루는 다은이가 유치원에 가기 싫다며 떼를 썼다. 한국 할머니에게 보내 달라고 했다. 이유를 물으니, 유치원 선생님이 영어로 이름을 쓰라고 했는데 자신만 쓰지 못했다는 것이었다. 그 일이 상처가 된 듯했다. 몇 주 동안 유치원에 간다만다하던 아이는 다시 힘을 얻어 유치원에 다녔다.

또 하루는 유치원에서 닭튀김이 점심 메뉴로 나왔다며 자랑했다. 한국을 떠난 이후 처음 맛본 닭튀김이 얼마나 맛있었을까. 다은이는 자기도 모르게 외쳤단다.

"닭 더 줘!"

영어 대신 한국어가 먼저 튀어나온 것이다. 그런데 선생님이 정말로 닭을 더 주셨단다. 선생님이 한국말을 알아들었다며 신기해했다. 선생님께서 알아들은 게 아니라 그 느낌 아니까!

다은이는 날마다 유치원에 일어난 일들을 재잘거리며 성장해 갔다. 그리고 곧 현지어인 스와힐리어와 영어를 익혀 소통의 어려움이 사라졌다.

 **마사이 교회에서의 첫 설교**

　남편과 함께 언어 훈련을 시작하려 했는데, 학원비가 너무 비쌌다. 남편은 현지어를 전공한 사람이라 바로 현지어 설교가 가능했다. 나는 시간, 비용, 형편상의 이유로 영어로 쓰인 문법책을 구입해 혼자 스와힐리어를 배우게 되었다.

　렌지교회에서 처음으로 설교를 했다. 케냐 출신 아모스 전도사가 영어 설교를 마사이어로 통역해 주었다. 케냐는 영어권이라 부족어를 사용하더라도 교육받은 이들은 기본적으로 영어를 잘 구사한다. 하지만 탄자니아는 영어와 스와힐리어가 공용어임에도 영어 사용이 매우 제한적이다.

　마사이 부족은 여성을 남성의 종속물로 여기고 종족을 잇는 수단이자 가정을 돌보는 도구로 본다. 빈곤과 문맹, 오랜 사회적 악습이 여성의 삶을 더욱 고되게 한다. 이러한 문화권에서 여성 선교사가 교회 강단에 서서 말씀을 전하는 모습은 마사이들에게 낯선 광경이었다. 그러나 나는 그들의 시선에 흔들리지 않았다. 내가 맡은 사명을 성실히 감당할 뿐이었다.

　목회자에게 부여된 말씀의 권위는 사람들의 시선을 집중시킨다. 말씀을 선포하는 순간, 모든 이가 귀를 기울인다.

 **박쥐 때려 잡기**

　남편은 먼 길을 떠나 없었고, 방문한 조카 솔이, 승지, 딸 다은이와 저녁을 먹고 있었다. 그런데 천장 틈 사이에 있던 새끼 박쥐 한 마리가 바닥으로 툭 떨어졌다. 놀란 아이들이 동시에 소리를 지르니, 나 역시 정신이 쏙 빠졌다.

　조류 공포증이 있는 나는 병아리도 만지지 못한다. 날아가는 새만 봐도 기겁하는 사람이다. 하지만 그 순간 어른은 나뿐이었다. 벽에 있는 달력을 뜯었다. 입술을 꽉 깨물고 종이 달력으로 박쥐를 덮었다. 아이들은 계속 나를 다그치며 어서 뭔가를 해보라고 했다.

　머릿속이 하얘지면서 박쥐를 때려잡을 생각에 속이 울렁거렸다. 한참을 망설이다가 마음을 단단히 먹고 달력을 말아 박쥐를 내리쳤다. 쓰레받기에 담아 어두운 밖으로 던져버렸다. 그리고 아무 일도 없었다는 듯, 다시 식탁에 앉아 저녁을 먹었다. 다은이가 슬며시 옆에 다가와 물었다.

　"엄마 괜찮아?"

　"나도 여자야! 나도 박쥐 무서워!"라고 대답했다.

　나는 이 박쥐 사건을 잊지 못한다. 박쥐가 뭐라고. 그래도 난 무섭다. 그리고 다은이도, 조카 솔이도 박쥐 사건을 잊지 못한다고 했다. 그러면서 내가 용기 있는 '어른'의 모습을 보여주었다고 했다. 인생은 결국 무슨 일이 일어났는지가 아니라 그 일에 어떻게 대처하느냐가 중요함을 배웠다고 했다. 진실을 아이들과 함께 나눈 소중한 순간이었다.

롱기도산에서의 기도

아그네스, 판다엘, 디모데오, 사무엘, 솔로몬, 알렉산더, 이사야, 엘리야 키샤프, 우시 목사와 함께 롱기도(Longido, 돌)산에 기도하러 가기로 했다.

각 교회에서 주일예배를 드리고 모두 롱기도교회에 모였다. 롱기도산에 올라 나무뿌리가 뽑힐 정도로 기도하고 돌아오려는 비장한 계획을 품었다. 비가 내린 지 얼마 되지 않아 산은 울창했고 길은 험악했다.

오래전, 식수로 사용하기 위해 롱기도 산꼭대기의 고인 물을 파이프로 동네까지 끌어온 적이 있다. 그 공사에 참여했던 엘리야 키샤프가 앞장을 섰고, 나와 아홉 명이 나란히 한 줄로 따라갔다. 정상을 향해 한참을 올라가니 짐승의 우는 소리가 들렸다. 맨 뒤에서 따라가던 나는 "이게 무슨 소리냐?"고 물었다. 그랬더니 "하이에나 울음소리예요"라고 했다. 순간 뒷골이 서늘해졌다. "여기 하이에나 나오는 산이냐?"라고 물었더니, 모두가 그렇다고 대답했다.

하이에나뿐 아니라 사자도 있다고 했다. 놀란 마음에 "자리 바꿔! 자리 바꿔요!" 야단법석을 떨며 가운데로 옮겨 왔다. 맨 뒷줄에서 가면 쥐도 새도 모르게 하이에나에게 잡아먹힐 것 같았다.

전설의 고향이 따로 없었다. 나는 사역자들에게 롱기도산이 사나운 짐승이 나오는 곳이라고 왜 말하지 않았느냐며 따져 물었다. 그랬더니 전도사인 자신들은 목사님의 말을 거부할 수 없다는 답이 왔다. 나는 속으로 중얼거렸다.

'내겐 아직 엄마가 필요한 어린 딸이 있어요!'

우리는 서로를 의지하며 먼저 가는 이도, 뒤처지는 이도 없이 나란히

산을 올랐다.

　산을 오르며 기도고 뭐고 간에 다시는 이 산을 타지 않겠다고 다짐했다. 산의 밤은 무척 추웠다. 산꼭대기에 올라 불을 지펴 놓고 각자 흩어져 나무 하나씩을 붙잡고 앞으로의 마사이 사역을 위해 간절히 기도했다. 그러나 나무뿌리는 하나도 뽑히지 않았다. 내려올 때 사무엘 전도사가 나무 지팡이를 만들어 주어 그것에 몸을 지탱하며 내려왔다.

　그 후로 나는 롱기도산을 쳐다보지 않고 있다. 그러나 그때의 열정이 오늘의 마사이 교회 사역을 이끌었다고 믿는다.

물, 물, 물

내가 중요하게 여기는 일과 중 하나는 빈 페트병을 모으는 일이다. 일주일 동안 정성껏 모으면 1.5리터짜리 빈 페트병이 60개 정도 쌓인다. 그렇게 모은 병마다 깨끗한 수돗물로 가득 채워 주일에 성도들에게 나누어 준다. 성도들에게 이 물 한 병은 생명수와 같다.

여인들과 여자아이들은 물 한 동이를 얻기 위해 이른 아침 길을 나선다. 몇 시간을 걸어 도착한 빗물 저장소에서 20리터짜리 물통에 물을 채운 뒤, 끈으로 엮어 등에 지우고 이마로 지탱한다. 그리고 다시 집으로 돌아간다. 이때 가능하다면 다른 물통 하나를 발로 굴리며 오기도 한다.

집에 도착하면 해가 저문 저녁이다. 힘센 남자들이 물을 길어오면 좋으련만, 이곳에서는 모든 수고가 여성들의 몫이다. 마사이의 여인들은 그 고된 일상을 아무렇지 않게 반복한다.

우기에는 소가 떠내려갈 정도의 엄청난 비가 내린다. 배수구가 없다 보니 낮은 지형에 빗물이 모인다. 그렇게 빗물이 모인 큰 웅덩이에서 가축들은 아무렇지 않게 배설을 하며 물을 마신다. 그리고 여인들은 그 흙탕물을 길어와 식수로 사용한다. 지혜로운 사람들은 건기 동안 웅덩이를 더 넓고 깊게 파 두기도 한다. 그렇게 해 두면 두 번째 내린 우기 때 넉넉하게 비를 모아 일 년 내내 빗물을 사용할 수 있다.

    믿기 어려운 이야기일 수 있으나, 어린아이들이 얕은 웅덩이의 물을 긷다가 빠져 죽기도 한다. 한 아이가 경사진 웅덩이에서 물동이를 당기다가 그만 진흙탕 속으로 고꾸라졌다. 물이 깊지 않았지만, 물을 제대로 경험한 적 없던 아이는 물의 낯섦에 당황했고, 결국 허우적대다 목숨을 잃고 말았다. 물은 생명을 살리지만 때로는 생명을 앗아가기도 한다.

 **"주님, 지금 마실 물 좀 주십시오!"**

　선교지에 온 그해부터 유치원 아이들을 위해 급식을 시작했다. 배고픈 배를 움켜쥐고 수 킬로미터를 걸어오는 아이들에게 적어도 집으로 돌아갈 힘은 주고 싶었다. 점심으로 제공하는 급식은 옥수숫가루에 설탕과 기름을 넣어 끓인 우지(uji) 죽이다. 여기에 우유를 넣으면 더 맛있지만, 아무리 짜내도 우유를 넣을 형편이 되지 않았다. 한 달에 한 번, 옥수숫가루 포대와 설탕, 식용유를 각 교회 유치원에 배달해 준다. 그러면 유치원생 엄마들이 돌아가며 우지를 끓인다.

　한국 연회를 마치고 돌아와 바로 여느 때처럼 유치원에 갔다. 한 달이 지났으니 급식이 떨어졌을 텐데 옥수숫가루가 두 포대나 남아 있었다. "물이 없어 그동안 급식을 못했어요." 유치원 선생님이 옥수숫가루가 남아 있는 이유를 말했다. 옥수숫가루만 제공하면 될 줄 알았는데, 정작 물이 없어 우지를 못 먹었다는 소리에 기가 막혔다.

　한국에서는 낭비하는 습관을 비유할 때 "물 쓰듯 한다"고 말한다. 그만큼 물 소비를 쉽게 한다는 말이다. 한 사람이 씻고 마시기 위해 필요한 물이 하루에 50리터라고 한다. 그러나 아프리카 대부분의 나라에서는 하루 7리터도 쓰지 못한다. 그마저도 가축의 배설물로 오염된 흙탕물을 사용한다.

　더러운 물을 마신 아이들은 장티푸스나 콜레라, 설사와 탈수에 자주 시달리고, 그러다가 수인성 질병으로 목숨을 잃기도 한다. 물이 없어 급식을 먹지 못하고 허기진 배로 돌아가는 아이들을 생각하니 가슴이 먹먹해졌다. 이제 나의 한결같은 기도 제목은 이것이다.

　"주님, 물을 주십시오. 영원히 목마르지 않는 천국의 생수뿐만 아니라 지금 당장 충분히 마실 수 있는 물 좀 주십시오."

우린 마사이 형제

　2009년 12월 31일, 송구영신예배와 신년예배를 드리기 위해 남편과 딸아이와 함께 렌지교회에 갔다. 교회에 도착하니 장대비가 쏟아지기 시작했다. 불과 10분 만에 숲속이 물바다가 됐다. 기다리던 비였지만, 한편으로 예배에 누가 올지 걱정이 앞섰다. 비가 그치자 빗물은 스펀지처럼 금세 땅속으로 스며들었다. 그러더니 밤 10시쯤에는 언제 비가 내렸나 싶을 정도로 흔적만 남기고 사라졌다. 좀 전의 폭우가 무색할 만큼 다시 조용하고 평온해졌다.

　10시를 조금 넘기자, 불빛 하나 없는 캄캄한 마을에서 웅성거리는 소리가 들려왔다. 곧이어 성도들이 찬양을 부르며 교회 쪽으로 다가왔다. 어둠을 가르며 들려오는 찬양 소리는 가슴을 울리는 황홀함이자 하나님의 은혜였다.

　교회까지 걸어오느라 성도들의 몸은 비에 젖어 있었다. 그들은 지저분한 비닐봉지로 꽁꽁 싼 보온통을 조심스레 풀었다. 그리고 따뜻한 차이 한 잔을 나에게 따라 주었다. 추운 밤, 한 잔의 차이는 금세 몸을 데워주었다. 설탕이 잔뜩 들어가서 그런지 허기졌던 배도 든든해졌다. 우리는 촛불을 켜고 송구영신예배를 드렸다.

　다음 날, 2010년 신년예배를 드리는데 교회 의장인 사이먼 집사가 감사 인사를 나눴다.

　"가뭄으로 인해 소와 염소가 많이 죽었지만, 새끼를 밴 소와 염소는 남겨 주셨습니다. 또 오늘 이렇게 비가 내려 먼지로 가득했던 마을이 푸른 초장으로 변했으니 우리 주님께 감사합니다. 가축들이 돌아와 이 푸른 풀을 뜯고 풍성한 젖을 내면 우유도 마시고 고기도 먹게 될 것이니 하나님께 감사할 뿐입니다. 그리고 김 목사님과 다은이, 나마야니 목사님이 우리와 함께 예배를 드려주셔서 감사합니다."

그들은 우리 가족이 마사이 지역에서 새해를 함께 보낸 첫 번째 외국인이라며 기뻐했다. 우리를 "형제"라고 부르며 감사를 전하는 그들의 진심에 가슴이 뭉클해졌다.

나 역시 하나님께 깊이 감사드린다. 오래전에 읽은 서진규의 책 『나는 희망의 증거가 되고 싶다』에서처럼, 내 모습은 작고 연약하지만 나도 그리스도를 통해 누군가에게 희망의 증거가 되고 싶다.

 **유년기의 추억이 현재의 삶으로**

내 고향 이작교회에서는 교회 절기와 명절 때에는 무슨 핑곗거리를 만들어서라도 함께 음식을 나눠 먹곤 했다. 쌀을 쪄서 찰떡을 만들고, 떡국과 인천에서 공수해 온 과일을 나누며 애찬의 기쁨과 교제를 나누었다. 그때 함께했던 권사님들은 이제 모두 하나님 품으로 가셨다. 그 시절이 지금도 종종 생각나 그립다.

나는 전도사님 댁에서 살다시피 하며 교회 아이로 성장했다. 지금 선교사로 살아가는 삶이 그때와 크게 다르지 않다는 생각이 든다. 단지 그때는 수혜자로서 복음을 누렸다면, 지금은 그 복음의 빚을 갚으며 살고 있다는 점만 다를 뿐이다.

사방팔방 뛰어다니며 분주한 날을 보낼 때 가끔 '지금 도대체 무슨 짓을 하고 있는 것인가?'라는 질문이 고개를 든다. 그럴 때 어린 시절 교회 안에서 참 행복했던 내 모습을 떠올린다. 인천에서 배를 타고 세 시간이나 들어가야 했던 작은 섬마을과 교회를 섬기며 묵묵히 사역하신 전도사님을 생각한다.

'그분도 선교사, 나도 선교사지!' 이렇게 생각하니 작은 삶은 내려놓고 크고 빛난 사명을 감당할 힘이 생긴다.

오늘 마사이 땅에서 선교사로 살아가는 나나 42년 전 낯선 섬에 들어와 도시 문명과 단절된 채 복음을 전하던 그 전도사님이나, 하나님 앞에서 가진 마음과 자세는 같을 것이다. 나는 이곳 사람들에게 예수님으로 인해 달라진 삶, 소망이 자라는 삶, 가능성이 보이는 삶, 그리고 내일이 기대되는 삶을 선물하고 싶다.

 **남편의 이유 있는 수염**

꽤 어려 보였던 남편이 이제는 실제보다 열 살은 더 들어보인다는 말을 자주 듣는다. 사람들은 우리 부부가 나이 차가 많은 줄 안다. 신혼 시절에는 아내가 열 살 많은 줄 알았는데, 선교지에 온 뒤로는 남편의 나이가 훨씬 많은 줄 알 정도로 우리는 선교지에서 나이를 먹고 있다.

신학교 사역을 하는 남편 선교사는 방학 때마다 신학생들의 사역지를 찾아다녔다. 가까운 지역보다는 거리가 멀다는 이유로 선교사의 발길이 덜 가는 어려운 교회를 섬기고 싶어했고, 그곳의 성도들에게도 성전 건축의 기회가 있기를 바랐다. 그래서 마사이 지역이 아닌 신앙가 지역의 부훈쿠킬라 교회를 건축하기로 했다.

마사이 동네에서는 제일 큰 나무 밑에서 예배를 드리며 교회를 시작하지만, 다른 지역에서는 외양간이나 흙벽을 두르고 마바티(철제 함석)를 올린 임시 처소를 마련해 예배를 드린다. 신앙가 지역은 아루샤에서 수백 킬로미터 떨어진 먼 곳이었다. 건축 기간은 통상 3~4개월이 소요되는데 그동안 현장에 머물러야 했기에 남편의 건강과 안전이 염려되었다. 건축비를 관리하는 선교사는 강도의 표적이 되기 쉽기 때문이다. 이런저런 걱정을 하고 있자니, 남편이 말했다.

"걱정과 염려가 키를 자라게 하는 것도 아니고, 걱정해서 걱정이 없어지면 세상에 걱정이 없겠네."

그러면서 우리는 걱정보다 하나님의 교회가 세워지는 일에 기뻐하면서 이 땅의 성도들이 교회 건축에 동참하도록 격려해야 한다고 덧붙였다. 그렇게 건축 현장으로 떠난 남편은 한 번도 힘들다는 말을 하지 않았.

어느덧 5주가 지났다. 집밥이 얼마나 그립겠는가? 그런데도 잘 지낸다고, 행복하다고 했다. 가끔 통화할 때마다 남편의 목소리는 밝았다. 주님을 사모하니 날마다 그분에게서 새 힘을 공급받는 것 같아 감사할 뿐이다.

교회 건축을 하며 돈으로 살 수 없는 값진 경험을 하던 남편이 아루샤로 돌아왔다. 턱수염을 5주 동안 자르지 않으면 털북숭이가 되는 줄을 그때 알았다.

교회 건축을 하는 부훈쿠킬라 동네의 물 사정이 좋지 않았다. 그래서 남편은 생수를 구입해 식수로만 사용하고 있었다. 그런 탓에 오염된 물로 면도하다가 감염될 위험이 있어 아예 면도를 하지 않았다.

턱수염이 자란 남편은 멋있었다. 오래간만에 이산가족 상봉을 해서 그런지 모르겠지만 수염이 잘 어울렸다. 학교에서 돌아온 다은이가 아빠를 알아보지 못할까 걱정했지만, 아이의 입에서 "아빠 멋져요. 수염이 참 잘 어울려요"라는 칭찬이 나왔다. 이때부터 깔끔한 남편은 수염을 기르기 시작했다. 매번 자르려 했지만, 내가 협박(?)해 자르지 못하고 있다.

다시 건축 현장으로 돌아간 남편은 3개월 만에 교회를 건축하고 안전하게 아루샤로 돌아왔다.

 **가난한 목사, 선교사로 살기**

고 김수환 추기경은 자신이 하고 싶은 일 앞에 '가난한'을 붙여 보고, 그래도 좋다면 하라고 하셨다. 가난한 가수, 가난한 축구 선수, 가난한 화가… 그리고 가난한 선교사.

내가 가난한 선교사인지 잘 모르겠지만, 분명한 것은 가장 기쁘고 행복한 일을 하며 날마다 가슴 뛰는 감동을 경험하고 있다는 사실이다. 김수환 추기경의 말씀처럼 가난하면 자유롭다. 가난한 선교사는 자유하다.

탄자니아는 전체 인구 가운데 약 30퍼센트가 기독교(개신교와 가톨릭교 포함)인이다. 케냐는 이보다 높은 80퍼센트가 기독교인이라 하지만, 교회에 출석하는 사람은 12퍼센트 남짓이다.

이들 대부분은 성경 지식이 부족하고 교리에 무지해 이단에 쉽게 노출된다. 실제로 이슬람으로 개종하는 사람이 계속 늘고 있다. 독립 이후 제대로 된 신앙 양육 없이 급격히 교회 외형만 커졌고, 그 결과 명목상 기독교인들이 늘어났다. 토속 신앙과 혼합주의에 노출된 지금의 케냐와 탄자니아는 '기독교 국가'라고 설명되지 않는다.

이런 상황에서 주어진 나의 사명은 또 하나의 교단이나 교회를 세우는 것이 아니다. 감리교 선교사로서의 정체성을 잃지 않고, 건강한 감리교회를 세우는 일에 힘쓰는 것이다.

평신도 선교사는 목회자의 일을 하고 싶어하고, 교역자 선교사는 평신도 선교사가 할 수 있는 전문적인 일을 하고 싶어 한다. 그 결과 전문성은 부족하고 정체성은 길을 잃은 채 뒤섞인 사역이 이뤄지고 있다. 이런 현실이 안타깝기만 하다.

남편이 케냐에서 사역하게 되면서 딸 다은이는 나이로비의 학교로 전학을 갔다. 마사이 동네에 집이 필요했다. 파송교회에서 주택 건축비를 지원했지만 착공이 늦어지고 있었다. 몇 년 동안 나무 밑에서 예배드리고 있는 '엔훠르엔데게나무밑교회'가 마음에 걸렸기 때문이다. 교회보다 선교사 집을 먼저 짓는 것이 하나님 앞과 마사이 성도들 앞에서 마음에 걸려 깊은 갈등과 고민이 되었다.

결국 파송교회 담임 목사님께 집 건축헌금으로 하나님의 집부터 짓고 싶다고 말씀드렸다. 목사님은 목적 헌금으로 보낸 것이니 선교사 집부터 지어 안전하게 지내라고 하셨다. 교회를 세워 줄 후원교회는 찾을 수 있지만, 선교사 집을 지어 줄 교회는 별로 없을 것이라고 하셨다. 듣고 보니 맞는 말씀이었다. 파송교회에 감사드린다.

하지만 쉽게 내 집부터 지을 수는 없었다. 그래서 교회와 주택을 동시에 건축하기로 마음먹고 후원교회가 생기기를 기도하며 일 년을 기다렸다. 결국 예배당과 선교사 주택 기공예배를 한날한시에 드릴 수 있었다. 소똥집에 얹혀 지내며 불편한 삶이었지만, 그때도 행복했다. 난 자유하다.

 ## 나를 깨우친 다은이의 카톡

비가 내리는 우기에 주택 앞마당에 작은 정원을 만들기로 했다. 선교사는 여러 일로 바쁘고 피곤하다는 핑계를 댔지만, 한국에서 오신 분들은 이렇게 말했다.

"삶의 터전을 아름답게 가꾸는 모습을 보여주는 것도 사역입니다."

그 말이 마음에 남아 나도 아이들에게 꽃 피는 것을 보여주고 싶었다. 그 일념으로 꽃나무 몇 그루를 심었다. 그리고 물을 주며 꽃이 피기를 살폈다. 다은이에게 가지치기한 꽃나무 사진을 자랑하듯 카톡으로 보냈다. 잠시 후, 답장이 왔다.

"아이코, 어머니! 마사이 동생들 마실 물도 없는데 꽃나무를 심으셨어요? 대단하십니다~."

장난스러웠지만 진심이 담긴 한마디가 가슴을 콕 찔렀다. 꽃나무가 잘 자라길 바라며 물을 주었던 마음이, 그 순간 민망해졌다. 쥐구멍이라도 있었으면 했다.

어느 날, 꽃나무에 물을 주고 있을 때였다. 지나가던 한 소녀가 "목사님, 제게도 마실 물 좀 주세요"라고 했다. 아이의 말이 내게 이렇게 들렸다. "목사님, 사람 마실 물도 없는데 그 깨끗한 물을 왜 땅에 쏟아붓고 계세요!" 아이에게 야단 맞은 듯 부끄러웠다.

그 일이 있은 후, 나는 더는 정원을 가꾸지 않기로 했다. 관상용 화분에 물 주는 것조차 아깝다. 무거운 물통을 머리에 이고 오는 이들에게 미안해서 물을 함부로 흘려 버리지 못하게 되었다. 덕분에 보여주기가 아닌 삶으로 이들과 함께하게 되었다. 꽃보다 생명이 먼저임을 깨달았기 때문에.

 ## 내 마음대로 기도함을 회개합니다!

하늘의 문이 열린 듯, 일주일 내내 비가 쏟아지고 있다. 오늘도 노아의 홍수가 떠오를 만큼 많은 비가 내렸다.

롱기도 마사이 지역에 세운 4개의 초등학교 중에 처음으로 엔가쏘라교회에서 봉헌예배를 드리기로 했다. 이 특별한 예배를 위해 해외에서 선교팀이 오기로 했다.

엔훠르엔데게교회 찬양대원이 주일예배 찬양 연습을 하고 있었다. 나는 걱정 가득한 마음으로 이렇게 말했다.

"비가 너무 많이 내리네요…"

엔가쏘라교회는 날이 멀쩡한 날에도 사륜구동 차량이 간신히 들어갈 수 있는 험한 곳이다. 그런데 이렇게 비가 오면 들어가는 길이 막힌다. 비가 오면 차가 빠지지 않도록 땅이 마를 때까지 기다려야 한다. 비행기 타고 비싼 경비 들여 오시는 선교팀의 일정에 차질이 생길까 걱정되었다. 벌써 두 번이나 엔가쏘라교회를 다녀오다가 비를 만나 차박을 한 경험이 있었다.

찬양하는 성도들에게 중보기도를 요청했다.

"봉헌예배를 위해 오늘 밤부터 선교팀이 돌아가는 금요일까지 비가 멈추게 해 달라고 기도해 주세요."

그런데 한 성도가 작게 말했다.

"저희는 비가 오는 게 좋아요. 마실 물도 필요하고, 먼 지역으로 가축을 몰고 간 남편과 자식들이 돌아오니 너무 좋아요."

나는 한 대 얻어맞은 것처럼 멍해졌다. 그의 말이 마음속 깊은 곳을 찔렀다. '나는 지금 무엇을 위해 기도하고 있는가?' 지금 내 기도는 하나님의 뜻을 구하는 기도가 아니라 나의 필요를 채우기 위한 요구에 불과했다. 선교도, 목회도, 교회 봉사도 매일 하나님 앞에서 점검하지 않으면 쉽게 '하나님의 일'이 아닌 '내 일'이 되어버린다.

비가 필요했던 사람들, 생존을 위해 비를 기다리던 이들 곁에서 나는 내 사역만을 위한 기도를 드리고 있었다. 성경적인 가치관으로 선교해야 함에도 내 생각과 기준을 앞세우고 있었다.

그날의 작지만 강한 한마디는 내 기도의 방향을 돌이키게 했다. 나는 회개했다. 하나님의 마음을 묻기도 전에 내 마음대로 기도했던 것을-.

 **선교지에서의 10년을 성찰하며**

2008년 선교지에 첫발을 디뎠을 때 선임 선교사님께서 내게 특별한 선물을 주셨다. 나무로 만든 세 개의 작은 원숭이였다. 하나는 눈을 가리고, 하나는 귀를 막고, 나머지 하나는 입을 틀어막고 있는 목각 인형이었다.

인형을 주시며 눈을 감고 3년, 귀를 닫고 3년, 입을 닫고 3년을 살라고 하셨다. 주변의 시끄러운 소리에 일일이 대응하지 말고, 보이는 것에 마음 쓰지 말고, 특히 다른 선교사와 자신을 비교하지 말라고 당부하셨다. 다양한 동역의 관계를 견디고 살다 보면 하나님이 기뻐하시는 성숙한 선교사로 자랄 것이라고 하셨다. 처음 9년을 그렇게 살았다. 듣고도 못 들은 척하고, 보여도 흘려보내며 마음을 닫고 입을 다물었다.

2013년 르완다를 방문했을 때 나는 또 하나의 선물을 받았다. 흙으로 빚은 점토인형이었는데 눈 감고, 귀 막고, 입 막은 고릴라 인형 세 개였다. 그 인형들을 받고 생각했다. '아직 나는 덜 익은 존재구나. 더 깎이고 더 단단해져야 하는 사람이구나!' 시간은 더디 흐르는 듯했는데 이농삼년, 구아삼년, 안암삼년 총 9년을 보내고 10년이 지나고 있다. 이제는 무언가 말할 수 있을 만큼 경험이 쌓였을까 생각했지만, 그렇지 않았다.

처음 이곳에 왔을 때는 젊었고 순수했고 열정이 넘쳤다. 변화를 믿었고 변화가 반드시 일어날 것이라고 확신했다. 하지만 지금은 쉽게 포기하려 하고, 타협하고 싶고, 안주하고 싶은 마음이 들곤 한다. 10년 전엔 차도, 집도, 돈도 없었다. 하지만 영성만큼은 살아 있었다. 그러나 지금은 차도 있고 집도 있지만, 영성이 메말라 가고 있다.

나는 요셉처럼 살고 싶다. 큰소리로 외치는 삶이 아니라 묵묵히 증거하며 살아가는 삶 말이다. 이제 더욱 성경적 가치관을 붙들고 살아야 한다.

우유 할머니의 유품

나는 얼마나 더 케냐와 탄자니아 국경을 넘어야 하는 걸까? 걷다가 오토바이를 타고, 다시 국경에서 이민국을 통과하고, 예약해 둔 셔틀을 타고 3시간을 달린다. 복잡한 나이로비 도심에 도착하면 또다시 20~30분을 걸어 버스 정류장으로 향하고, 다시 만원 버스를 타고 남편과 다은이가 있는 집으로 간다. 이 긴 여정 속에서 체력은 점점 고갈되고 마음도 지쳐간다. 하고 싶은 일도 점점 줄어든다.

남편은 "선교사는 힘을 빼야 한다. 현지인들이 앞장서도록 하고, 우리는 협력자로서 뒤에서 도우면 된다. 우리가 가장 우선해야 할 일은 말씀을 전하는 일이다"라고 말하곤 한다. 그러나 언어적 한계가 있는 나는 점점 듣지 않고 결정만 하려 든다. 현지 교단과 협력하려 하면 간섭받는 것 같아 불편하고, 그 불편함이 마음을 무겁게 한다.

한국에 갈 때가 되었다. 지팡이를 짚으며 우유 할머니가 찾아왔다. 귀한 우유 한 잔을 건네며 말씀하셨다.

"나마야니~ 당신의 나라에 돌아가 부모형제 잘 만나고 건강하게 돌아와요."

할머니는 2010년 엔훠르엔데게교회가 나무 밑에서 예배를 드릴 때부터 호리병박(Kibuyu)에 우유를 담아다 주셨다. 그래서 나는 할머니를 '우유 할머니'로 부르고 있었다. 불편한 다리로 2km 거리를 걸어와 예배를 드리고, 일주일에 한 번씩 우리 집을 찾아오셨다. 염소가 목초지를 따라 이동하는 건기를 제외하고는 우유를 매번 가져다주셨다. 그렇게 나는 할머니의 우유를 마시며 마사이에서 나이를 먹고 있었다.

2021년 어느 날, 할머니가 찾아와 허리 벨트를 선물로 주셨다. 직접 착용하던 오래된 벨트였다. 그 후로 할머니는 더는 집 밖에 나오지 못하셨고 교회에도 오시지 못하다가 하나님의 품으로 떠나셨다. 낡은 허리벨트, 그것은 '나를 기억하라'는 할머니의 마음이었다.

할머니의 꼬깃꼬깃한 용돈을 받다

남편과 함께 대림절 네 번째 주일예배를 드리기 위해 길을 나섰다. 신야교회로 가는 길에 타조 두 쌍이 우리를 반겨주었고, 얼룩말과 기린이 사파리처럼 길목에 나타났다.

방학을 맞아 기숙사에서 생활하던 학생들이 집으로 돌아와 함께 예배를 드렸다. 이 아이들은 곧 열릴 청소년연합집회와 찬양대회에서 할 찬양 연습으로 정신이 없었다.

예배가 끝나고, 교회의 최고령 할머니가 나를 부르셨다. 조심스럽게 다가가 인사를 드리니, 할머니가 꼬깃꼬깃 접힌 1,000실링(700원) 지폐 한 장을 내 손에 꼭 쥐여주셨다.

"목사님, 선물이야~. 소다(음료수) 사 먹어요."

할머니 권사님들의 사랑은 한국이나 선교지나 똑같다. 교회 권사님들이 떠올랐고, 마음이 울컥했다.

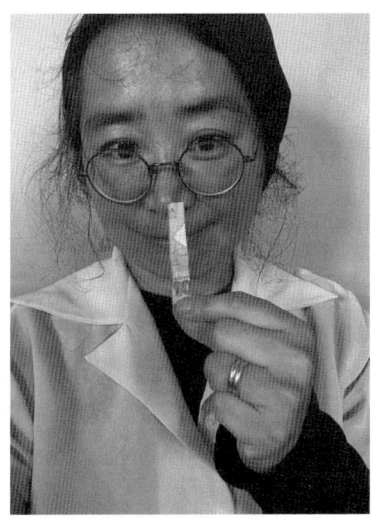

 ## 죽고자 하면 산다

각 교회를 돌며 철야예배를 인도하던 중 결국 몸살이 심하게 났다. 소식을 들은 여 선교사님이 발 빠르게 한국 의료팀이 두고 간 몸살약을 보내주셨다. 병 앞에 장사가 없다. 몸이 아프면 의지도 약해진다.

12월 청소년연합집회를 시작하기 전부터 몸이 좋지 않았다. 그러나 그 기간에는 아프면 안 되었기에 참고 버텼다. 집회가 끝나니 본격적으로 열이 오르고 몸살이 심해져 끙끙 앓기 시작했다. 새벽에는 심한 복통이 두 번이나 찾아와 '이러다 화장실에서 죽는 건 아닐까?' 싶었다.

일 년에 한두 번 앓던 감기몸살이 이제는 네 번으로 늘었다. 예전에는 2~3일이면 회복되었는데, 지금은 일주일 이상 끌기 일쑤다. 몸이 예전 같지 않음을 실감한다.

몸 상태가 좋지 않아 가족이 있는 케냐로 넘어갔다. 주변 선교사들의 도움으로 닥터 충게(감염내과 전문의) 병원에서 검사를 받았다. 병명은 브루셀라 풍토병이었다. 소가 걸리는 브루셀라 병에 감염된 것이었다. 뿐만 아니라 아메바와 장티푸스, 기타 기생충에도 감염된 상태였다. 의사는 약을 처방하며 한 달 후에 다시 오라고 했다. 한 달간 약을 복용하며 쉬기로 했다.

하지만 나이로비에서의 생활은 편했지만, 마음은 마사이 교회에 가 있었다. 남편이 나 대신 마사이 교회에 가서 사역을 돕고 있었다. 몸이 아파서인지 마음이 아파서인지 나도 모르게 남편에게 짜증을 냈다. 그런 나를 보며 남편은 "탄자니아로 가세요"라고 했다. 아무것도 하지 않으면 몸은 편하지만 마음은 불편하다.

결국 나는 탄자니아로 돌아왔다. 회복되지 않은 상태였기에 새벽에 화장실에 갔다가 정신을 잃을 뻔했다. 변기에 앉아 있는데 갑자기 한기가 몰려

오며 온몸에 힘이 빠졌다. '정신을 붙잡아야 한다. 깨어 있어야 산다.'

주님을 부르며 겨우 일어나 바닥에 주저앉았다. 다행히 의식을 잃지 않았다. 뜨거운 물 한 잔을 마시고 마음을 진정시켰다. 약을 먹으며 하나님의 치유하시는 손길을 체험했다.

남편은 늘 내게 말한다.

"원 없이 사역하시오."

죽고자 하면 산다. 설령 죽는다 해도 그 죽음조차 주님께는 영광이다.

 ## 코로나를 통과하며

전 세계에서 '사회적 거리 두기' 캠페인이 한창일 때, 탄자니아 대통령은 교회 예배와 모임을 금지하지 않았다. 오히려 이런 시기일수록 하나님께 예배하고 기도하라며 권고했다. 감염 우려가 있는 상황에서 무엇이 옳은 것인지 판단하기 어려웠지만, 우리의 예배 자리가 고센 땅처럼 하나님의 보호하심 안에 있기를 기도했다.

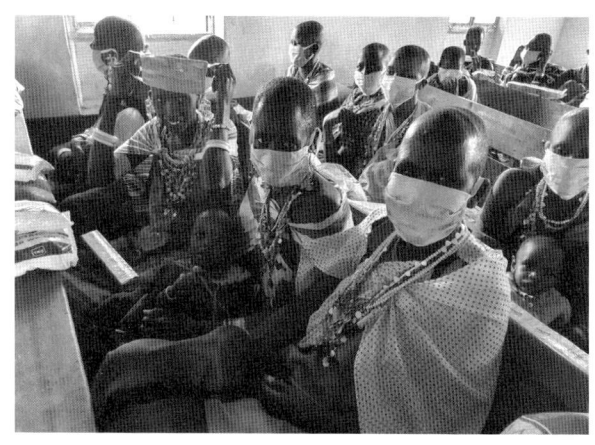

탄자니아 보건부 장관은 중국산 일회용 마스크의 품질 문제를 제기하며, 천 마스크를 구입해 사용할 것을 권고했다. 나는 그 말이 나오기 전부터 천 마스크를 미리 준비해 두었다. 천 마스크가 바이러스를 완전히 막아주지는 못하지만, 그 심각성을 인식시키는 장치가 되리라고 판단했기 때문이다. 성도들에게 천 마스크를 나눠주며, 서로를 지켜주자는 마음도 함께 나누었다.

휴교령이 내려서 학교에 가지 못하는 중학생들을 위해 성경 필사 활동을 시작했고, 4월 한 달 동안은 주 4회 점심 급식을 제공했다. 유치원 아이들은 중학생 언니 오빠들과 함께 그림책을 보다가 점심을 먹고 집에 돌아갔다. 코로나가 무엇인지 잘 알지 못하고 그 위험성도 체감되지 않는 아이들이지만, 교회가 주는 음식 앞에서 밝은 웃음으로 보답해 주었다.

어느 날, 차를 타고 다른 교회로 이동하려고 하는데 아이들이 달려와 말했다. "목사님, 우리도 차 태워 주세요!"

아이들은 다른 교회가 어디에 있는지, 어떻게 세워졌는지 궁금해한다. 해마다 열리는 청소년연합집회에서 다른 교회 친구들을 만나기에, 그들을 다시 보고 싶은 마음도 클 것이다. 하지만 그보다 더 큰 이유는 차를 타보고 싶은 것이다.

숲을 빠져나와 포장도로를 시원하게 달리는 차는, 아이들에게 마치 꿈 같은 세상이다. 그 눈빛은 늘 선망으로 반짝인다.

나이보르소티교회 성도들이 염소 한 마리를 차에 실어 주었다. 나무 뿌리 넣고 푹 끓여 약으로 먹으라고 했다. 그래야 코로나를 이길 면역력이 생기지 않겠냐고 덧붙였다.

모든 사람이 하나님의 보호 아래 코로나19로부터 안전하게 지켜지기를 바랐다. 생활 속 방역과 개인위생을 잘 지키며, 면역력을 높이는 일에도 힘쓰길 기도한다.

 **서프라이즈! 염소 72마리**

2년째 가뭄이 지속되자 유일한 재산인 가축들이 줄줄이 죽어나갔다. 바짝 마른 땅 위로 거센 바람만이 성난 듯 몰아쳤다. 기다리는 비는 오지 않고 회오리바람과 먼지만이 들판을 휩쓸었다.

나는 속으로 찬송가 한 구절을 읊조렸다. '빈 들에 마른 풀같이 시들은 나의 영혼, 주님의 허락한 성령 간절히 기다리네…' 메마른 이 땅에 성령의 단비 같은 빗소리가 들리기를 간절히 기도했다.

마사이들은 가축 하나하나에 고유의 표식을 새긴다. 수천 마리의 소가 무리 지어 이동하는 중에도, 자신의 가축은 정확히 구별해낸다. 설사 표식을 남기지 않았더라도 자기 소유의 가축을 정확히 구분해낸다. 그렇게 되기까지 얼마나 소떼에 마음을 두고 살폈을지 짐작이 간다.

신대원을 다니며 사역할 당시, 담임목사님은 토요일마다 교역자와 직원 회의에 꼬맹이 사역자들을 참석시켰다. 그때 부교역자들과 심방전도사들에게 담당 속회 식구들의 이름을 퀴즈처럼 물어보시곤 했다. 속회원의 아들, 딸, 며느리, 사위, 부모의 이름까지 외우게 하셨다. 유치부 사역을 하던 내게 도전이 되었다. 내게도 유치부 아이들 200명 전원의 이름은 물론 그들의 형제, 부모의 이름까지 알아야 한다고 했다. 그리고 불시에 물어볼 거라고도 하셨다.

그 뒤로 나는 성도들의 얼굴과 이름, 가족관계까지 빠르게 익히는 습관이 생겼다. 똑같아 보이는 얼굴도 누구인지 다 구분하고, 어디 교회 성도인지 잘 기억한다. 보물이 있는 그곳에 마음이 있다는 말처럼 성도들에게 내 마음을 두려고 노력한다.

어느 날, 새벽부터 염소 울음소리가 요란하게 들려왔다. 갈수록 더 시끄러워져 무슨 일인가 싶어 나가보려 하는데, 키마티 목사가 나를 말렸다.

"목사님, 오늘은 문 닫고 집 안에만 계세요."

"오늘이 내 생일인지 알았나?"

혼잣말로 중얼거리는데, 교회에서 찬양 소리가 들리기 시작했고 마침 문자 한 통이 도착했다. "이제 교회로 오셔도 됩니다." 창문 너머로 내다보니 사역자들과 장로, 집사, 전도부인들이 모두 보였다. 지방의회 의원과 마을 이장, 선생님들도 보였다. 밖에 나온 나를 향해 그들이 말했다.

"마사이에게 가장 중요한 재산은 아이들과 가축입니다. 목사님께는 이미 마사이 아이들이 있으니, 저희가 염소를 드리겠습니다."

각 교회에서 몰고 온 염소는 무려 72마리였다. 가까운 교회는 어제부터, 먼 교회는 며칠 전부터 염소를 이끌고 선교사 주택이 있는 엔휘르엔데게교회까지 온 것이었다.

나는 놀랍고 감동이 되어 "생일선물, 너무 고맙습니다. 감사합니다!"

하고 인사했다. 그랬더니 모두 의아한 표정을 지으며 되물었다.

"목사님, 오늘 생일이세요?"

그들은 내 생일을 전혀 몰랐다고 했다. 이번 선물은 일 년 전부터 계획해 온 '서프라이즈'였던 것이다.

마사이 교회에서 가끔 염소와 소를 선물해 주었다. 그런데 이렇게 마사이 교회 전체가 한꺼번에 72마리를 가져와 선물해 주는 일은 처음이었다. 많이 놀랐고, 동시에 가슴이 벅찼다. 눈물이 났다. 내가 뭐라고-.

서프라이즈를 준비한 성도들은 내게 인사를 전했다.

"지난 어려운 시기를 잘 견뎌주셔서 감사합니다. 그리고 아직까지 우리와 함께 있어 주셔서 고맙습니다."

"마사이의 아이들이 목사님의 아이고, 이 염소 또한 목사님의 재산입니다. 그러니 이 소중한 것들 두고 떠나지 말아 주세요."

요즘 들어 감정이 무뎌졌다고 느끼던 차였다. 하지만 이날에는 눈시울이 뜨겁게 차올랐다. 사랑은 이렇게, 조용히 와서 마음을 흔든다.

김윤식은 배경식을 품고 기도합니다

　냉장고가 없다. 우리 집에 있는 음식은 쌀, 라면, 스팸, 참치 통조림, 깻잎 통조림, 김, 콘플레이크, 감자, 양파, 설탕, 믹스커피가 전부이다. 가끔 고디가 계란을 보내주고, 찰레가 식빵을 사다 준다. 킬리만자로 생수는 넉넉히 사두었다.

　11월부터 내리기 시작한 비가 4월 우기로 접어들며 쏟아지더니, 어느새 물탱크마다 빗물이 가득 찼다. 이 물로 청소하고 빨래하고 샤워하고, 성도들도 교회에 와서 물을 길어간다. 하늘에서 내려온 빗물은 그야말로 생명의 선물이다.

　코로나19로 학교가 휴교하여 딸 다은이는 9개월간 한국에서 지내기로 했다. 혼자서 비행기를 타고 한국에 들어간 아이가 염려되었다. 탄자니아와 케냐 국경은 봉쇄되어 남편이 내게로, 내가 남편에게로 갈 수 없었다. 나는 숲속에서 도(The Way)를 닦으며 다은이와 남편, 마사이 성도들을 위해 기도하며 지냈다.

　롱기도교회에서 후원 아동들의 모임이 있었다. 그때 다은이에게서 카톡 문자가 왔다.

　"엄마는 탄자니아 국경을 넘을 수 없으니 어쩔 수 없지만, 왜 아빠는 안 들어오세요? 엄마 아빠 모두 없으니… ㅠㅠ"

　그리움이 쌓였던 모양이었다. 문자를 보고 마음이 무거워졌다. '항공길이 가능한 남편이라도 한국에 가서 다은이와 함께 있는 것이 맞지 않나?' 그런 생각이 들었다. 하지만 나는 왜, 남편은 왜, 이 선교지를 쉽게 떠나지 못하는가? 왜 떠나지 않는가?

　그러던 중 탄자니아대사관에서 연락이 왔다. 5월 초 에티오피아 아디

스아바바를 경유하는 항공편으로 재외국민 귀국길을 마련했으니 4월 22일까지 예약하라는 공지였다. 문자를 별 대수롭지 않게 여기며 귀국 신청을 하지 않았다. 혼자 떠날 수 없었기 때문이다.

그날 밤, 남편에게 문자가 왔다.

"유(배경식)는 마사이를 마음과 생각에 품고 걱정하지만, 나(김윤식)는 마음과 생각에 유(배경식)를 품고 기도합니다. 또한 코로나19 바이러스가 활발히 퍼지지 않고 잠잠해지길 기도합니다."

그 문자를 읽으며 가슴이 찡했다. 서로가 서로를 품고 있는 것, 그것이 우리의 선교이고 삶이었다.

항공길이 열린 틈을 타, 한 달간 한국에 다녀왔다. 그리고 다시 아이를 혼자 남겨 놓고 선교지로 돌아왔다. 아이에 대한 미안한 마음을 여전히 품고서 말이다.

코로나 기간의 깨달음

　2020년 5월 초, 나는 감기몸살을 심하게 앓았다. 무리해서 일한 것도 아니고 특별히 힘든 일정도 없었는데 오래도록 낫지 않았다.
　한국에 특별수송기로 입국한 교민 110명 중 3명이 코로나19 확진을 받았다는 뉴스를 들었다. 그들 모두 감기몸살 정도의 증상만 앓았다고 했다. 내 몸 상태도 비슷하니 혹시나 하는 마음에 걱정이 되었다. 그동안 교회에 다니며 말씀을 전했는데, 혹시라도 내가 무증상 감염자면 어쩌나 하는 두려움도 따라왔다.
　봉쇄령으로 마사이 지역을 떠날 수 없게 되면서 나는 제한된 식재료로 최소한의 음식만 만들어 먹으며 지냈다. 보름 가까이 몸살이 심하게 이어졌다. 먹을 것이 마땅치 않다 보니 기력은 점점 약해졌고, 한국 음식에 대한 그리움은 깊어갔다. 음식에 대한 욕구가 사라지기는커녕 오히려 점점 커져갔다.
　이 기간 동안 나는 마사이 성도들의 삶을 깊이 생각하게 되었다. 마사이족은 우유에 설탕과 홍차잎을 넣어 끓인 차이(chai)를 마시는데, 전통적으로는 우유를 발효시켜 마셨다. 채소 경작이 어려운 환경이다 보니 육류를 주식으로 먹는다. 장기 보관이 가능한 콩이나 옥수수를 기름과 소금을 넣고 푹 끓여 먹는다. 아무 반찬 없이 옥수숫가루로 만든 우갈리와 기름에 찐 콩을 먹는다. 특별한 날에는 고기와 감자를 볶아 찐 쌀밥에 먹는다. 매일 똑같은 식사를 하면서도 불평하지 않는다. 그저 굶지 않고 먹을 수 있음에 감사한다.
　다양한 음식의 맛을 모르는 그들에 비해 나의 혀는 이미 수많은 맛을 기억하고 있다. 한국 음식의 풍미가 자꾸만 떠올랐고, 그 기억들이 나를 괴

롭혔다. 어떤 날은 잊을 수 없는 그 맛 때문에 우울해졌는데 이런 경험은 처음이었다.

사고 현장에서 수십 일을 굶고도 살아남은 사람들의 이야기가 떠올랐다. 나는 지금 자유롭게 움직일 수 있고 제한된 음식이라도 배불리 먹을 수 있는데, 왜 이렇게 힘들어하는 것일까? 음식 하나에 무너지는 내가 형편없다는 생각이 들었다. 남편은 이런 내게 "그렇게 살고 싶었던 마사이 땅에서 원 없이 선교하고, 사랑하는 이들과 함께 지내는 것으로 잘 버티라"며 응원했다. 전화로 건네는 남편의 응원에도 예민해졌다. 나는 잘 버티는 것 같지 않았다. 음식 앞에 하염없이 나약해지는 모습을 보며 위선적이지 않았나 자문하는 시간이었다.

나는 음식에 대한 욕심과 몸살로 힘든 시간을 보내면서 경험과 기억조차 욕심일 수 있다는 사실을 깨달았다.

 ## 코리아 여자 목사에 관한 루머

나는 기록을 중요하게 생각한다. 행정 처리를 꼼꼼히 하고, 서류를 신속히 정리하며, 수입·지출과 일과를 빠짐없이 기록한다. 숲속 마사이 동네에서 무슨 일이 그리 많느냐고 생각할 수 있지만, 골방에 앉아 기도하는 일 외에도 해야 할 일이 늘 있다. 그렇게 날마다 집 안에서 정리하고 기록하고 일하다 보니, 마사이 사람들 사이에서 '잠꾸러기'라는 소문이 났다.

교회 부지를 기증받을 때면 나는 항상 마을을 내려다볼 수 있는 높은 언덕의 땅을 요청한다. 그리고 그 광야 땅을 꼭 문서화해서 정식으로 받는다. 이런 과정을 지켜본 마사이 사람들과 정부 관계자들은 두 가지를 의아해한다. 한 가지는 "왜 꼭 높은 지대의 땅을 고집하느냐?"는 것이고, 다른 하나는 "마사이 동네에 널린 게 땅인데 무슨 땅문서가 필요하다고 돈을 들여 등록하는가?" 하는 점이다.

오해와 의문이 반복되다 보니 어느새 황당한 뜬소문이 돌았다. '코리아 여자 목사는 주술로 루비나 탄자나이트 같은 보석이 묻힌 땅을 알아낸 뒤, 그 땅을 요구한다'는 이야기였다. 보석을 캐낼 계획이 아니고서야 굳이 건축하기 힘든 험지의 땅을 달라고 하며, 거기에 돈까지 들여 땅문서를 만들까 하는 의심이었다.

선교사가 떠났을 때 행정에 약한 목회자와 성도들이 교회 재산을 지킬 수 있을까 생각하면 토지 등록이 반드시 필요했다. 그리고 높은 땅을 고집하는 데는 한 가지 이유에서다. 바로 교회가 높은 곳에 우뚝 세워져, 동네 사람들이 교회의 십자가를 바라보길 바라는 마음 때문이다.

"쳐다본즉 모두 살더라."(민 21:8~9)

십자가를 통해 이 땅에 예수 그리스도의 복음이 전해지길 간절히 바란다.

 ## 키모쿠와초등학교에 '엄마의 부엌'을 선물하다

아프리카는 건강하다. 넓은 자연과 더불어 살아가는 이곳 사람들은 집마다 떨어져 사는 탓에 자연스럽게 '자가격리'가 되었다. 사시사철 똑같은 일상을 살아가니 시간의 흐름을 잊게 된다.

"인류의 역사는 세균과의 전쟁이다"라는 말처럼, 아프리카는 오래전부터 알 수 없는 풍토병과 세균 속에서 살아왔다. 그 덕분인지 자가 면역력이 강하다. 누가 코로나에 감염되었는지도 모른 채, 사람들은 이웃과 더불어 살아간다.

엄마가 천국에 가신지 몇 해가 지났다. 이젠 애써 생각해야 기억이 날 만큼, 엄마 없는 세상이 익숙해졌다. 엄마는 세상을 떠나기 전, 푼푼이 모

은 돈을 조금 남겨 주셨다. 그 돈을 어떻게 쓸까 고민하다 시간만 흘러갔다.

렌지초등학교 민자 선생님이 키모쿠와초등학교 교장으로 승진했다가 롱기도초등학교 장학사가 되었다. 그러다가 교육 현장이 좋다며 다시 키모쿠와초등학교로 돌아왔다. 민자 선생님의 요청으로 사역자들과 함께 종교 수업에 참여하게 되었다.

학교를 방문할 때마다 전교생 600명의 급식을 조리하는 허름한 부엌이 눈에 들어왔다. 그래서 학생들을 위해 깨끗한 주방 도구와 식기를 갖춘 '엄마의 부엌'을 짓기로 했다.

평생 남편과 다섯 자녀를 위해 매일 맛있는 음식을 준비하시던 우리 엄마, 그리고 교회 여선교회장, 마을 부녀회장, 학교 학부모회장을 맡아 엄청난 양의 음식을 만들어 내시던 엄마를 기억하며, 나는 마사이 꼬맹이들에게 '엄마의 부엌'을 선물했다.

비록 식탁이 없어 흙바닥에 앉지만, 아이들은 깨끗한 그릇에 담긴 음식을 숟가락으로 먹게 되었다. 아이들을 보며 마더 테레사의 말을 오늘도 마음에 새긴다.

"작은 일에 헌신하라. 그 안에 당신이 가진 힘이 있다."

반백 년 생일앓이

반백 년 생일을 앞두고 있어서인지, 어젯밤에는 유난히도 많이 아팠다. 무완자(Mwanza)연회 본부 교회에서 있었던 감독 취임예배도 어떻게 드렸는지 모르겠다.

페인트 시공 견적과 빗물 설비 배관 작업을 위해 기술자들과 함께 건축 중인 나무밑교회에 가기로 했다. 그곳은 깊숙한 동네라 차를 타고 들어가야 했다. 하지만 밤새 끙끙 앓고 나니 도저히 운전을 할 수 없었다. 출발 시간을 7시에서 8시로, 다시 9시로, 결국에는 11시로 미뤘다.

목요일에는 유치원 회의가 있고, 금요일에는 아루샤에 가야 하며, 토요일에는 목회자 회의, 주일에는 예배, 월요일에는 키툼베니나무교회 미팅이 기다리고 있었다. 하루하루 빼곡한 일정 속에서 약속을 미룰 수 없었다. 몸을 겨우 일으켜 건축 자재상에 들렀는데, 내 상태를 본 주인이 물건을 대신 실어다 줄 운전기사를 붙여 주었다. 덕분에 일정을 무사히 마치고 돌아올 수 있었다. 그날, 반백 년 생일앓이를 제대로 치렀다.

마사이 원로들이 특별한 제안을 해왔다.

"이번 여름에는 3주간 소와 염소 고기만 먹고 지냅시다."

마사이 전통 방식대로, 냐마초마(nyama choma)라 불리는 구운 고기를 먹고, 약초와 나무뿌리를 염소 머리와 함께 푹 끓인 수프를 물 대신 마시며 지내는 시기였다. 이 시기에 남자들은 몸을 만든다.

마사이족 남성의 통과의례는 세 단계를 거친다.

모란 전사에 입문하는 엔키파타(Enkipaata), 성인으로 들어서며 삭발하는 에우노토(Eunoto), 그리고 모란기를 마무리하고 연장자의 지위에 오르는 오른게셰르(Olng'esherr)이다. 오른게셰르에 해당하는 이들은 매년 7월이면 5명, 많게 그 이상씩 팀을 이루어 가축을 몰고 마을을 떠난다. 깊은 숲속에 들어가 몰고 간 소와 염소를 잡아먹으며 지내는데, 이 한 달 동안 고기만 먹으며 몸을 만들고 체질을 개선한다.

"목사님, 몸이 약해 보여 걱정입니다. 이번에 우리와 함께 고기 먹으면서 건강을 챙기세요."

그 말에는 깊은 의미가 담겨 있다. 연장자의 지위에 끼워 준 것이고, 목회자로 여기고 있다는 존경의 표현이었다. 고기를 먹으며 몸을 만드는 자리에 아무나 낄 수 없는데, 그 자리에 선교사를 초청한 것이다.

6

마사이, 그들을
사랑할 수밖에 없는 이유

# "우갈리~" 찰칵! 가족사진 촬영

엔키카렛교회를 시작으로 주일예배 후 가족사진을 찍어주기 시작했다. 사진을 처음 찍어보는 그들은 카메라를 어색해했고, 포즈도 어떻게 취할지 몰라 쭈뼛거렸다. 내가 사진을 찍는 이유는 소중한 가족사진을 선물하는 동시에 각 교회의 역사를 기록하고 싶어서였다.

일부다처제를 따르는 남자들이 여러 명의 아내를 돌며 가족사진을 찍었다. 렌지교회의 킬라요 할아버지는 7명의 아내를 두었고, 포르카 할아버지는 무려 12명의 아내가 있었다. 이 아내, 저 아내가 낳은 자녀들과 가족사진 촬영을 하느라 바빴다. "고개 들고 눈은 여기 보고! 움직이지 말고! 아가야~ 여기 봐야지. 여기! 우갈리~." 찰칵! "남편은 그대로 있고, 아내와 아이들만 빨리 바꾸세요. 찍습니다!" 찰칵!

나는 사진을 찍으며 성도들에게 목이 터져라 고함을 질렀다. 한국의 "김치~, 치즈~" 대신 "우갈리!"라고 외쳤다. 사진을 찍어 본 적이 없는 성도들에게 카메라를 들이대면 예쁜 얼굴이 순간 사나워지고 못생겨지기 때문이다. 그들의 환한 미소를 담기 위해 나는 "우갈리" 하고 외쳐야 했다. 성도들이 수줍게 "우갈리~" 하고 따라할 때 사진을 찍었다. '우갈리(ugali)'는 옥수숫가루로 만든 아프리카의 주식이다.

가족사진을 다 찍고 나서 교인 전체 사진도 찍었다. 찍은 사진들을 보면서 사진 찍기를 참 잘했다고 생각했다. 사진은 꼭 두 장씩 현상해서 한 장은 교회 보관용으로, 다른 한 장은 가정과 개인에게 선물했다.

6.25 때의 난리는 난리도 아닐 만큼 가족사진 촬영은 소란스러움 그 자체였다. 이런 난리인 가족사진 촬영을 5년 간격으로 두 번이나 했다. 그렇지만 참 행복했다.

돌팔이 의사와 '후시딘의 기적'

아픈 이들이 기도해 달라고 찾아온다. 가지고 있는 약이라곤 늘 똑같은 국민약 파나돌, 만병통치 빨간약, 피부 연고와 눈물약이 전부다. 몇 가지 없지만, 성도들은 약을 받든 기도를 받든 선교사를 찾아온다. 어쩔 수 없이 돌팔이 의사 흉내를 내며 처방전 없이 구입 가능한 약을 나눠준다. 돌팔이 의사 흉내를 내는 내 모습에, 아픈 환우들의 모습에 서글퍼 눈물이 난다.

마사이 아이들에게 가장 흔한 질환은 화상이다. 깜깜하고 좁은 집 안에서 불을 지펴 차이를 끓이고 음식을 하기 때문이다. 어린이들이 남아 있는 불씨에 쉽게 화상을 입는다. 개나 뱀에 물리는 아이들도 많다. 두통, 눈병, 피부병, 머리 무좀, 화상은 기본이다. 최근에는 오토바이를 타는 이들이 많아져 찰과상 환자도 부쩍 늘었다. 거기에 수인성 질병, 가축 진드기, 흙먼지를 타고 퍼지는 가축 분변 속 세균들까지, 그야말로 병의 온상이다. 선천성 기형을 가진 장애인도 많다.

나이보르소티교회에서의 일이다. 한 아이가 폐타이어로 만든 딱딱한 슬리퍼를 신고 있었는데, 축축했다. 신을 벗겨 아이의 발을 살펴 보니 가시에 찔린 상처에 염증이 생겨 고름이 가득했다. 상처로 벌어진 발가락이 간당간당 붙어 있었다. 별것 아닌 작은 것이 목숨까지 빼앗는 큰 질병으로 확대된다. 가지고 있던 후시딘을 넉넉히 발라준 뒤, 아이의 발을 안은 채 간절히 기도했다.

두 달 뒤 다시 나이보르소티교회에 들렸다. 한 아이가 뛰어와 자기 발을 뽐내듯 내밀었다. 후시딘 연고를 발라주었던 아이였다. 당장 아이의 발 상태를 살펴보았다. 상처 하나 없이 깨끗했다. 간절한 기도에 주님이 응답하셨다.

후시딘의 기적 사건 이후, 나는 항상 구급상자를 가지고 다닌다. 아픈 이들을 돌보다 보니 어느새 반 의사가 되었다. 연고 하나, 밴드 하나에도 마음을 다해 정성껏 바르고 붙인다. 아이들의 상처에 후시딘을 바르면 나았고, 쓰러지던 모세도 비타민과 철분제를 복용하고 회복했다. 숲속의 잠자는 공주처럼 수시로 잠에 빠지던 파울리나도 비타민을 먹고 건강하게 잘 자라고 있다. 기도하고 후시딘을 발라줬을 뿐인데, 나는 점점 영험한 선교사로 인식되고 있다.

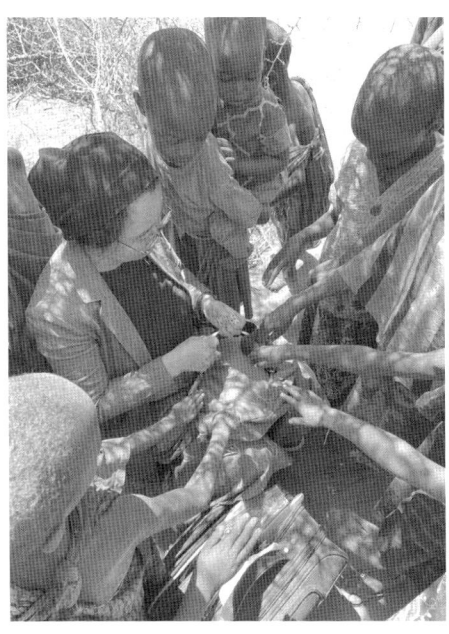
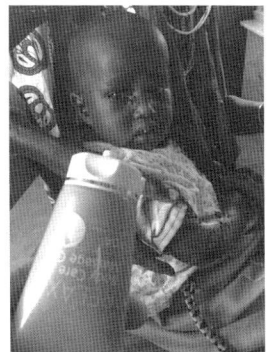

렌지교회에서의 민박

토요일 아침, 아모스 전도사와 함께 셔틀버스를 타고 렌지교회로 향했다. 가는 도중 부의 상징처럼 보이는 배가 볼록한 경찰을 만났다. 버스 운전기사는 마치 통행세를 내듯, 그의 손에 살짝 돈을 찔러주었다. 도둑이 따로 없다는 말이 절로 나왔다.

아모스 전도사와 내가 멘 배낭 안에는 아이들에게 나눠 줄 큰 막대사탕이 들어 있었다. 물과 침낭, 갈아입을 옷, 민박집에 줄 작은 선물까지 챙기다 보니 가방은 무거웠고, 우리는 그 짐을 지고 12km를 걸었다. 다행히 보슬비가 내려 흙먼지는 나지 않았다.

출발한 지 6시간 반 만에 렌지교회에 도착했다. 커다란 나무 아래에 앉아 땀을 식히는데, 시원한 바람이 마치 성령의 숨결처럼 불어왔다. 잠시 숨을 고른 뒤, 성도들의 가정을 심방하기 시작했다. 가는 집마다 따뜻한 차이 한 잔을 내와 마시고 또 마셨다. 다음 집으로 30분을 걸어 도착한 곳은 킬라요 할아버지 집이었다. 할아버지에게는 아내가 많다. 아내가 많다는 것은 자녀가 많다는 것이요, 소가 많다는 것이니 그는 부자다.

마사이 사회에서 조강지처의 자리는 특별하다. 킬라요 할아버지는 장이 서는 날이면 꼭 조강지처의 손을 잡고 함께 다녀온다. 자식뻘의 어린 아내들 사이에서도 조강지처의 자리를 분명히 구분하는 모습이 멋져 보였다. 하지만 최근 그는 많은 재산을 잃었다. 지난 건기에 소가 많이 죽고, 이번 건기에는 80마리가 더 죽었다고 했다. 그럼에도 그는 미소를 잃지 않았다.

피곤함에 얼른 잠들고 싶었지만, 밤이 깊어져도 모두 잠자리에 들 생각을 하지 않았다. 그러면서 이제 곧 가축을 몰고 나갔던 목동 아이들이 돌아올 시간이라고 했다. 마사이 사람들은 아이들이 돌아와 가축을 안전하게 우리에 넣을 때까지 잠들지 않는다고 했다. 아침에 떠난 소와 염소, 양이 한 마리라도 돌아오지 않으면 난리가 난다. 사나운 짐승에 잡아먹혔다면 할 수 없지만, 잃어버렸다면 반드시 찾아 돌아온다. 그게 마사이 법칙이다.

일찍 잠자리에 드는 줄 알았는데 나만의 착각이었다. 소와 염소 떼를 우리에 넣은 뒤 찬양하고 기도하며 늦은 밤 시간을 보냈다. 드디어 잠자리에 드나 싶었는데, 사이먼 집사가 첫 민박을 환영한다며 소 한 마리를 잡았다고 했다. 애당초 잠자기는 그른 것 같았다.

마사이족은 고기를 덜 익혀 먹는다. 덜 익은 소고기 한 점을 내게 내밀었고, 나는 그 고기를 받아먹었다. 귀한 콩 요리도 함께 먹고 뜨끈한 차이도 마셨다. 오늘 마신 차이가 몇 컵인지 세어보다가, 화장실도 없는 밖에서 볼일을 봐야 한다는 생각에 머리가 지끈거렸다.

그날 밤 나는 사이먼 집사의 다섯 번째 아내 라헬과 함께 잠을 잤다. 그녀는 임신 중이었는데, 어린 아들 조시아와 배 속의 아이까지 합쳐 네 명이 옆으로 누워 칼잠을 잤다. 마사이 사람들은 절대 똑바로 누워 자지 않는다. 그래서 장례를 치를 때도 시신을 옆으로 뉘어 안장한다고 한다. 그들의 삶과 죽음에는, 몸을 뉘는 방식조차 전통과 의미가 담겨 있다.

차이(chai) 사랑

가난한 성도들이 정성껏 건네주는 차이에 똥파리가 먼저 반응할 때가 있다. 가끔씩 똥파리가 들어가 있는데, 마시다가 파리가 걸리면 뱉어내거나 손가락으로 건져낸 뒤 다시 마신다. 닦지 못한 컵에서 나는 냄새에 헛구역질이 나올 때도 있지만, 배가 고파서 마신다. 덜 익은 고기는 정말 먹기 싫지만, 사랑으로 꾹꾹 먹는다.

차이를 담는 컵은 때로 염소똥이나 소변으로 닦는다. 물이 귀한 현실에서 어쩔 수 없는 선택이다.

케냐는 홍차의 주요 생산지였고, 유럽 식민지 시절 값싼 노동력을 동원해 대규모 홍차 밭이 경작되었다. 지금도 고품질 홍차는 유럽으로 수출하고, 품질이 낮은 홍차가 현지 시장에 풀린다. 그런 홍차에는 카페인 함량이 높고, 위를 마비시키는 성분이 포함돼 있다. 이곳 사람들은 그런 차이를 마시며 배고픔을 잠시 잊는다. 과거 마사이족은 가축의 젖이나 삭힌 우유에 소의 피를 섞어 마셨다. 그것이 이들에게는 최고 영양식이었다.

홍차 잎으로 차이를 끓여 설탕을 넣어 마시면 달달하고 맛있다. 예배 후 마마들은 각자 가져온 보온병과 양은 컵을 꺼내 따뜻한 차이를 따라준다.

"목사님이 언제 오실지 몰라 매주 주일마다 차이를 준비해 놓고 기다리고 있어요."

그 한마디에 목이 메지만, 나는 주일예배를 교회 담임자에게 알리지 않고 순회하며 예배를 드리고 있다. 없는 중에도 주의 종을 대접하고자 하는 성도들의 마음을 알기에 마음을 다해 축복했다.

차이를 다 마시자 이번에는 우유를 가득 담아온 호리병박을 내밀며 집에 가져가서 끓여 마시라고 한다. 우유는 최고의 음식이다. 나는 우유 한 병을 가슴에 품고 풍성해진 마음으로 돌아왔다.

집에 도착하니 문 앞에 차이가 담긴 보온병이 놓여 있었다.  엔훠르엔데게교회 성도 중 누군가가 다른 교회에서 예배드리고 돌아올 목사를 생각해 가져다 놓은 것이었다. 다음 날에도 마마 세메리가 차이를 가져다주었다. 그리고 그 다음 날에는 마마 파울리가 차이를 끓여 왔다. 날마다 돌아가며 혼자 사는 내가 굶고 지낼까 싶어 자꾸 무언가를 가져다준다. 내 살의 지분은 다 차이에게 있다.

사랑을 시작한 젊은이들

롱기도교회 잭슨 전도사가 사고를 쳤다. 그가 18세 소녀와 사랑에 빠졌다. 사랑이 뭔 죄가 되겠냐만, 문제는 소녀에게 결혼할 남자가 있었다는 것이다. 결혼 상대는 아버지의 친구였다. 아버지는 오래전 친구에게 소를 받고 어린 딸이 성장하면 딸을 주겠다고 약속했다. 그리고 딸의 아버지는 미리 받은 딸의 결혼 지참금으로 어린아내를 맞았다.

잭슨 전도사가 도움을 청했다. 소녀를 교회로 데려와 숨기겠다고 했다. 나는 눈을 질끈 감을 수밖에 없었다. 소녀는 한 달 동안 롱기도교회에 머물렀다. 하지만 어느 날 소녀의 아버지와 오빠가 케냐에서 그녀를 잡으러 왔다. 결국 소녀는 그들의 손에 끌려 갔다.

그런데 휴게소 화장실에서 잠시 멈춘 틈을 타 다시 도망쳐 롱기도로 돌아왔다. 그렇게 그녀는 또 한 달을 숨어 지냈다.

그러나 이번에는 친척 아저씨들까지 대동한 가족이 나타나 강제로 그녀를 데려갔고, 결국 아버지의 친구와 결혼을 시켰다. 파혼은 가문의 수치이고, 지참금으로 받은 소를 몇 배로 물어내야 하기에 어쩔 수 없이 소녀는 순종해야 했다.

소녀는 잭슨 전도사와 두 달을 살았지만, 마사이에서는 아무 문제가 되지 않는다. 오히려 임신한 채 시집 가는 것은 환영받는 일이다. 자녀는 가축을 돌볼 노동력이기 때문이다.

엔키카렛교회 사무엘 전도사에게도 비슷한 일이 일어났다. 어느 날 예수전도단 선교사에게서 전화가 왔다. 사무엘 전도사가 중학교 3학년 여학생과 억지로 결혼을 추진하고 있다는 소식이었다. 학업 중에 있고 결혼을 원치 않는 학생과의 결혼을 막아 달라는 부탁이었다.

사무엘 전도사에게 무슨 일인지 자초지종을 들었다. 양가 부모가 맺은 약속에 따른 결혼이라고 했다. 자식이 결혼 적령기를 넘긴 30대가 되자 아버지는 더는 기다릴 수 없다며 혼인을 강행하고자 했다. 혼인이 늦어지거나 파혼하면 결혼 지참금으로 보낸 소 열 마리에 이자까지 더해 돌려줘야 했다. 그러나 여학생의 아버지는 소도, 이자도 줄 수 없으니 그냥 딸을 데려가라고 했단다. 그들에게 자녀의 마음과 의사는 중요하지 않았다. 중요한 것은 소가 전부였다.

사무엘 전도사는 신학교를 졸업하고 3년째 홀로 마사이 교회를 섬기고 있었다. 목사 안수를 받으려면 결혼을 해야 했다. 하지만 신붓감은 아직 학생이었다. 더구나 그는 따로 좋아하는 사람이 있었다. 정혼한 여학생의 얼굴은 본 적도 없다며 좋아하는 여자랑 결혼하고 싶다고 했다. 그러면서 자기야말로 아버지를 피해 도망가고 싶다고 했다.

예수전도단 측에서 소를 사무엘 전도사 집에 대신 갚아주었는지는 잘 모른다. 선교를 시작한 지 얼마 지나지 않아 일어난 일이었다. 확실한 것은 사무엘 전도사가 롱기도교회 출신인 에스더와 결혼했다는 사실이다. 그리고 목사 안수를 받았다.

철학자들은 인류의 모든 전쟁이 사랑에서 비롯되었다고 한다. 마사이에도 지금 사랑을 향한, 욕망을 향한 보이지 않는 전쟁이 시작된 듯하다. 사랑이 시작되었으니 말이다.

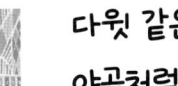# 다윗 같은 목동,
야곱처럼 품삯으로 아내를 얻은 엘리야 집사

키샤프 집사님이 몇 살인지는 정확히 모른다. 내가 그를 기억하는 이유는 그가 낡은 중국산 자전거를 태워 준 일이 있기 때문이다.

렌지교회에서 주일예배를 드리고 무더위 속에서 먼지 나는 길을 걷고 있었다. 세 시간을 걸어 나와야 지나가는 차를 세워 타고 아루샤까지 돌아올 수 있다. 울퉁불퉁한 길을 땀 흘리며 아모스 전도사와 걷고 있을 때, 키샤프 집사님이 낡은 중국산 자전거에 나를 태워줬다. 모래와 흙길이라 자전거가 잘 나가지 못했지만, 무거운 나를 태우고 땀을 뻘뻘 흘리며 간 잊지 못할 고마운 사람이다.

키샤프 집사님은 렌지에서 롱기도까지 자전거를 타고 다니며 소금, 설탕, 성냥, 콩 등을 구입해 마을 사람들에게 팔았다. 보통 3명에서 4~5명, 많게는 그 이상을 두는 마사이와 달리 그에게 아내는 1명뿐이다.

그의 부모는 가난했다. 어린 키샤프를 다른 집에 품삯을 받고 목동으로 보냈다. 부유한 마사이족은 어린 목동을 고용해 가축을 돌보게 한다. 성인이 되어서도 지참금을 마련할 형편이 되지 못한 키샤프는 계속 남의 집 가축을 돌보며 생활했다. 결국 그는 자신이 일하던 집의 막내딸을 아내로 얻었다.

줄곧 목동으로 살아왔기에 학교를 다닌 적이 없다. 글은 모르나 다행히 스와힐리어로 의사소통을 할 수 있었다. 나는 신실한 키샤프 집사님이 복음 전도자로 쓰임받기를 기도했다.

키샤프 집사님을 신학교에 초청했다. 집사님은 개강일에 맞춰 정확한 시간에 도착했다. 신실한 그의 모습에 감사했다. 신학교 행정 담당 전도사

는 초등학교도 다니지 못한 그의 입학을 걱정했다. 글을 모르는 키샤프가 과연 수업을 따라갈지 염려했다.

나는 청강이도 좋으니 키샤프의 배움을 허락해 달라며 남편 찬스를 사용했다. 나에게는 마사이 사역을 함께할 신실한 동역자가 필요했다. 졸업장을 받지 못해도 성경을 배우며 함께 사역할 수 있기를 바라는 마음이었다.

한 사람을 제자로 세우기 위해서는 무엇보다 기도와 시간이 필요하다. 그렇게 키샤프 집사님은 신학교 기숙사에 머물며 공부를 시작했다. 마사이족 유부남으로는 처음으로 신학교 학생이 되었다.

시간이 흘러 키샤프 집사님은 세 곳의 다른 신학교를 거쳐 마사이 교회 담임 교역자가 되었다. 신실한 주의 종이 되어 롱기도교회를 섬기고 있으며, 사역을 시작한 지 13년이 되었을 때 목사 안수를 받았다.

주술사들이 점치던 자리에 교회와 학교를 세우다

2016년 3월 3일, 나이보르소티교회 초등학교 기공예배를 드렸다. 나이보르소티교회 평신도 대표인 요하나 장로님이 교회의 역사를 이야기하며 감사하는 시간을 가졌다.

나이보르소티의 나무밑교회 터는 옛부터 사자, 하이에나, 기린, 코끼리, 얼룩말 등 온갖 동물들이 서식하는 터전이었다. 세월이 흘러 발전이라는 이름 아래 동네가 변하면서 동물들이 떠났다. 그러자 젊은 남녀 마사이들이 몰려나와 나무 밑에서 춤을 추며 놀았다. 그리고 주술사들이 그곳(신당)에서 점을 쳤다.

그랬던 자리 한복판에 십자가가 세워지고 교회가 봉헌된 것이다. 나아가 아이들의 교육을 위해 학교가 세워지고 있다며 하나님께 감사와 찬양으로 영광 돌리는 감격의 예배였다.

하지만 기쁨도 잠시, 이 뜻깊은 날에 아이들이 보이지 않았다. 이유를 묻자, 아이들이 시끄럽게 굴면 예배에 방해될 것 같아 하루 유치원을 휴교했다고 했다. 하도 기가 막혀 화도 나지 않았다. 기공예배의 주인공인 아이들이 쫓겨난 꼴이 되었다.

내가 마사이를 잠시 잊고 있었다. 마사이들의 사고방식으로는 그렇게 하고도 남았다. 미처 이 부분까지 챙기지 못한 내 잘못이 컸다. 어른들은 주인공이 배제된 잔치에서 배불리 먹고 있었다. 나는 속상한 마음에 음식을 넘길 수 없었다.

　선교지에서는 주와 객이 뒤바뀌는 일이 허다하다. 영혼을 섬기는 일에는 복음이 중심이 되어야 한다. 복음보다 우선시되는 일이 있어서는 안 된다는 진리를 다시금 되새긴다. 주인공은 늘 예수님이어야 한다.

　엔가쏘라나무밑교회에 가는 길에 나이보르소티교회에 잠시 들렀다. 학교 기공예배에 참석하지 못한 아이들은 원망하는 기색 없이 밝은 눈동자로 나를 맞아주었다. 아이들에게 비스킷 한 봉지씩 나눠 주며 미안한 마음을 표현했다.

사랑에도 예의가 필요하다

나이보르소티초등학교가 완공을 앞두고 있다. 방학이 끝나면 아이들은 이제 먼 길을 가지 않고 집 근처 학교를 다니게 된다. 그런데 개교를 기다리던 중 나이보르소티교회의 한 아이가 교통사고로 죽었다는 소식을 들었다. 가뭄이 지속되면 어린 목동들은 가축을 몰고 물과 풀을 찾아 도로 근처까지 수십 킬로미터를 걸어 나온다. 아침밥도 먹지 못한 아이들에게 점심 도시락이 있을 리 없다. 아이들은 지나가는 차량을 향해 손을 흔들며 먹을 것을 달라는 신호를 보낸다. 그러면 간혹 인심 좋은 관광객이나 현지인이 음료수나 과자 같은 먹을 것을 창밖으로 던져준다.

죽은 아이도 달리는 차를 향해 먹을 것을 구했다. 한 관광객이 측은한 마음에서 콜라병을 던져주었다. 달리는 차 안에서 던진 병이 제대로 아이 앞에 떨어졌을 리 없다. 콜라병이 도로 위에서 뒹굴자, 아이는 아무 생각 없이 콜라병을 주우러 도로에 뛰어들었다가 교통사고를 당한 것이었다. 가시나무 숲속에서 살아가는 아이들은 자동차를 타 본 적이 없다. 차의 위력과 속도, 위험을 인지하지 못한다.

이런 일은 처음이 아니다. 안타깝게도 자주 반복된다. 무언가를 나누고 싶은 그 마음은 고맙다. 하지만 차를 길가에 세워 놓고 아이에게 직접 건네주었다면 어땠을까? 주는 입장에서 받는 사람에 대한 예의와 주의를 기울였다면 어땠을까?

"사랑은 무례히 행하지 아니하며" 이 성경 말씀이 가슴 깊이 파고든다. 선교도 이와 같아야 하지 않을까? 선교사도, 교회도, 선교에도 예의가 필요하다. 주는 이도, 받는 이도 서로를 존중하는 세상(선교)이 되었으면 좋겠다. 그것이 진정한 사랑이다.

마사이 할례

탄자니아 정부는 주술사들에 의해 행해지는 할례를 법적으로 금지하고 있다. 하지만 마사이족은 여전히 할례를 지켜야 할 전통이자 의무로 여기고 있다.

할례는 주로 방학 중에 이루어지며, 할례받은 남자아이들은 그날부터 여자들의 통제를 받지 않으며, 여자아이들과 상대하지 않는다. 그리고 이 기간에 많은 남학생들이 학교를 떠나고 학업을 포기한다. 규율이 있는 학교보다 자유로운 들판을 택하는 것이다.

할례받은 남자아이들은 검정 천으로 몸을 두르고, 여자아이들은 머리에 색색의 구슬 장신구를 단다. 때로는 극심한 통증을 견디기 위해 썩은 새 사체를 머리에 걸치기도 한다. 사체 냄새로 고통을 잠시 잊기 위함이다. 조혼으로 인해 어린 나이에 임신한 여자아이들은 출산 도중 할례로 인한 후유증으로 목숨을 잃는 경우가 많다. 이 참담한 악습이 복음의 능력으로 하루속히 무너지기를 간절히 기도한다.

마을마다 몇 년에 한 번씩 원시 치유사를 초청해 할례를 집도한다. 엔가쏘라 마을의 어린아이들이 할례를 받기 위해 치유사를 기다리고 있었다. 치유사는 아이들에게 약초를 먹여 정신을 몽롱하게 만든 뒤 의식을 집행한다. 과거에는 마취 없이 생으로 진행했고, 지금도 진통제 없이 통증을 견디게 한다.

언젠가 한 번 할례 의식에 초대받은 적이 있다. 원래 여성은 부정하다는 이유로 할례 의식에 참석할 수 없다. 그런데도 나를 초대한 것은 목회자에 대한 존중심도 있고, 다른 한편으로는 시험하려는 의도도 다분했다. 의식이 열리는 밤, 플래시를 들고 현장을 찾았다. 거사는 밤에 이루어진다. 차가운 밤에 피부가 수축되어 피가 덜 나기 때문이다. 아이들은 어떤 진통제도 없이 참혹한 고통을 견뎌내고 있었다.

할례받은 아이들은 할례 동기들과 상처가 다 아물 때까지 집을 떠나 숲속을 떠돌아다닌다. 그 과정을 거쳐야 비로소 진정한 마사이 전사로 인정받는다. 나는 고통의 과정 속에서 진정한 전사의 모습이 아닌 절박한 문화의 덫에 걸린 아이들의 눈빛을 보았다.

이 땅에 예수 그리스도의 사랑이 흘러들어, 전통의 이름 아래 행해지는 고통과 억압이 사라지기를 기도한다. 복음은 문화의 파괴가 아니라 생명의 회복이어야 한다. 마사이의 전통이 복음으로 정결하게 변화되기를, 아이들이 자유와 생명 안에서 자라나기를 간절히 소망한다.

쿨의 새 집에서 하숙하다

롱기도교회 한쪽 방에서 지내며 마사이 교회를 다니고 있었다. 대중교통수단인 '다라다라'를 타고 나무밑교회로 가기 위해 나망가 국경에서 내렸다. 쿨 집사님이 어떻게 소식을 들었는지 오토바이를 타고 와 기다리고 있었다. 동네에 하나밖에 없는 그랜저 못지않은 오토바이였다. 걸어다니다가 자전거를 얻어 타곤 했는데, 이제는 오토바이를 태워주는 성도들의 마음에 눈물이 살짝 났다.

그의 낡은 오토바이를 얻어 타고 교회에 도착하자 피로감이 밀려왔다. 유치원 교실 의자를 붙여 훌러덩 누웠다. 잠시 눈을 감았을 뿐인데 두 시간이 훌쩍 지났다. 보기에 안쓰러웠는지 쿨 집사님이 다시 오토바이에 태워 자기 집에 데려갔다.

쿨 집사님은 최근 염소를 팔아 벽돌집을 지었다. 마사이 남자들은 소 배설물과 진흙으로 집을 짓는 대신 벽돌로 집을 짓기 시작했다. 쿨 집사님 집은 마사이 동네에 지어진 첫 번째 신식집이었다.

아내와 자녀들은 여전히 소똥집에서 지내고, 쿨 집사님은 새 집에서 지낸다. 양철로 겨우 지붕을 덮었지만 마감되지 않아 낮에는 새가, 밤에는 박쥐가 드나들고 있었다. 문은 달아 놓았으나 유리가 끼워져 있지 않았고,

벽돌도 미장되지 않았다. 흙바닥 그대로인 방에 침대가 하나 놓여 있었다. 그 침대에서 쉬라고 나를 데려간 것이었다.

　마사이 남자는 여자를 위해 절대 자신의 집을 내어주지 않는다. 아내와 남편이 지낼 소똥집을 따로 마련한다. 여자는 계속해서 출산과 자녀 양육을 반복해야 하기 때문이다. 쿨 집사님은 롱기도에서 왔다 갔다 하지 말고 이곳에서 지내며 교회와 주택을 건축하라고 했다. 나를 여자로 보지 않고 음충가지로 존중하면서 자신의 새 집을 내어준 그 마음에 감사했다.

　비가 오는 날, 함석지붕을 내리치는 빗소리가 너무 커 잠을 이룰 수 없었다. 지붕을 짚으로 덮는 소똥집에서는 빗소리가 요란하지 않다. 그래서 비가 올 때는 소똥집에서, 맑은 날에는 새 집에서 지냈다. 비가 내린 마사이 땅에 풀과 나무가 쑥쑥 자란다. 화장실이 없는 동네에서 숲을 화장실 삼아 볼일을 보았다. 비가 오지 않아 땅이 말랐을 때는 여기저기에서 내가 사용한 휴지를 볼 수 있는데 그때마다 쥐구멍에라도 들어가고 싶었다.

　벽돌집의 방은 무척 더웠다. 하지만 벌레에 물리지 않기 위해 꽁꽁 싸맨 채 잠을 자야 했다. 그렇게 뜨거운 밤을 보내고 아침을 맞으면 언제나 쿨 집사님의 아내 마마 셀리티안이 소똥집으로 데려가 목욕할 수 있게 해주었다. 그녀는 새벽부터 길어온 물을 나무로 데워 목욕 준비를 해놓았다. 뜨끈한 물로 구석구석 씻으니 묵은 피로까지 벗겨 나갔다.

　아침이면 성도들이 경쟁하듯 따뜻한 차이를 가져다주었다. 어떤 날은 하루에 열두 잔을 마신 적도 있다. 그 사랑이 따뜻하고 달콤했다. 나는 참으로 복받은 선교사이다. 그렇게 그의 집에서 일 년간 하숙을 하며 엔휘르엔데게교회와 선교사 집을 건축할 수 있었다.

 **소아마비 장애아동 레보**

각 교회에 담임 목회자가 있지만, 거동이 불편한 노인들과 장애 아이들이 있는 가정은 선교사가 직접 심방한다. 장애 아동들은 어릴 때는 엄마 등에 업혀 교회에 나오지만, 어느 정도 성장하면 대부분 집 안에 갇혀 지낸다. 엄마가 임신과 출산을 계속 반복하다 보니 제대로 보살핌을 받지 못해 열 살을 넘기지 못하는 경우가 많다.

레보(Lebo)의 엄마는 그를 임신했을 때부터 이마티아니교회에서 북을 치며 찬양을 인도했다. 레보는 소아마비 장애를 갖고 태어났는데, 레보 엄마는 그런 아이를 업고도 북을 쳤다. 그러다가 동생들이 연달아 태어나고 레보도 커지니 더는 교회에 데리고 오지 못했다.

어느 날부터 레보 엄마가 교회에 나오지 않았다. 레보가 죽었다고 생각했다. 나는 여러 사역으로 레보를 잊고 있었다. 아동 후원 업무를 하다가 레보 소식을 듣게 되었다. 그렇게 4년 만에 만난 레보는 무표정했다. 내가 누군 줄 아느냐고 묻자, "배 목사님이잖아요"라고 대답했다. 내 마사이 이름 '나마야니'가 아닌 한국 성 '배'를 기억하는 것을 보며 지적 장애가 없음을 알았다. 교육을 시키기로 마음먹었다.

나는 부모를 찾아가 오토바이 택시 비용을 지불할 테니 아이를 교회와 유치원에 보내 달라고 부탁했다. 좁고 어두운 소똥집에 방치된 아이가 안타까웠다. 친구들과 함께 글을 배우게 하고 싶었다. 레보는 또래 아이들과 유치원을 다니며 점점 웃음을 되찾았다. 나이로 보면 초등학교 2학년이지만, 글을 몰라 먼저 유치원을 다니게 했다.

이마티아니 지역의 아이들은 나망가 국경까지 왕복 15km에서 멀게는 30km까지 걸어서 학교에 다닌다. 감사하게도 파송교회의 후원으로 곧 이마티아니초등학교가 개교할 예정이다. 레보가 초등학교에 입학하면 지금처럼 오토바이 택시를 타고 다니면 된다.

레보의 아버지가 소를 팔아 오토바이를 샀다. 오토바이 주유비를 받으며 매일 레보를 학교에 데려다 주었다. 선교사 아들도 아니고 몸이 불편한 자기 아들의 등굣길 차비를 꼬박꼬박 받았다. 그러다가 교역자 월례회에서 이마티아니교회 담임 교역자가 전하길, 레보가 요즘 목발을 짚고 힘겹게 학교에 다닌다고 했다. 알고 보니 레보 아버지가 오토바이 주유비를 두 배로 올려 달라며 아이를 학교에 태워주지 않고 시위를 하고 있었다. 그는 학교에 다닐 수 있게 허락해 준 것만으로도 감사히 생각하라고 했다. 아이를 계속 학교에 보내든 말든 나 보고 알아서 결정하라고 했다. 아이 엄마는 통곡했다. 나는 학교생활을 즐기는 레보를 위해 오토바이 택시를 알아보기로 했다.

학교에서 레보의 인기가 하늘을 찌른다. 다리에 힘은 없지만, 목발을 짚고 껑충껑충 잘도 걷는다. 아이가 성장함에 따라 목발도 여러 번 교체해 줬다. 케냐에서 주문한 휠체어는 흙길에서 사용할 수 없어 결국 쓰지 못했다. 의사는 다리 힘을 기르려면 휠체어보다는 목발을 사용하는 것이 낫다고 했다.

보통 걸음으로 30분이면 될 거리를, 레보는 목발을 짚고 한 시간 이상을 걸어서 나온다. 그래도 매일 걸어서 학교에 오고, 한 주도 빠짐없이 교회에 나와 예배드린다. 장애는 하나님께 나아가는 데 전혀 걸림돌이 되지 않았다. 오히려 레보에게 하나님만 바라보는 삶이 되게 하였다.

레보 고모의 조현병이 낫다

세례를 받고 킬리만자로 산기슭으로 시집갔던 레보의 고모가 조현병으로 쫓겨나 친정집으로 돌아왔다. 세 자녀와 함께 돌아왔지만, 정신이 온전치 않아 아이들을 돌보지 못했다.

그녀를 만나러 레보의 집에 심방 갔을 때, 그녀는 밤새 숲속을 헤매다가 정신이 나간 상태로 돌아오는 길이었다. 그녀는 언어장애가 생긴 것처럼 전혀 말을 하지 못했다. 나는 그녀를 교회로 데려왔다.

그녀는 넋이 나간 채 계속 침을 뱉어댔다. 그녀를 붙들고 울며 기도했다. "주님, 살려주세요. 이 여인에게는 아이들이 있어요." 그렇게 기도하다가 "내가 누구냐?"고 물었다. 그녀는 "알아! 목사잖아!"라며 반말로 대답했다. 입을 닫고 있던 그녀가 대답한 것이었다. 나는 다시 그녀를 붙잡고 "소리내 큰 소리로 기도해!"라고 했다. 그녀는 웬일인지 활짝 웃으며 알겠다고 대답했다

레보의 고모는 날마다 이마티아니교회에 나와 교회가 떠내려가듯 큰 소리로 기도하기 시작했다. 얼마 뒤 주님의 놀라운 은혜로 그녀의 조현병이 사라졌다. 그녀는 남편 집으로 돌아가기를 거부하고 레보네 집에서 계속 생활하기로 했다.

지금 그녀는 교회 찬양대의 인도자로 섬기고 있다. 여선교회에서 봉사하고 전도부인 훈련에 참여하면서 마사이 광야에 복음의 소리를 외치고 있다.

 ## 레보의 아빠, 신학생 되다

바바 레보는 장애를 가진 레보의 아빠다. 그는 소를 키우는 틈틈이 오토바이로 사람을 태워주며 돈을 번다. 잘 걷지 못하는 레보가 학교에 다니기 위해서는 아빠의 도움이 필요했지만, 그는 오토바이를 태워주지 않았다. 장애가 있는 레보를 소똥집에 가두어 놓은 아빠였다. 그는 나에게 레보는 교회 아이이니, 음충가지 배가 알아서 학교를 보내든지 말든지 하라고 했다.

그런 그가 시간이 지나면서 가끔 교회에 나오기 시작하던 때의 일이다. 2018년 신야나무밑교회에 가야 했던 나는 길이 없는 가시나무 숲속을 달리다가 그만 길을 잃고 말았다. 이마티아니교회 사역자와 전화 연결이 되었고, 사역자는 내게 오토바이가 있는 바바 레보를 보냈다. 그와 함께 신야나무밑교회를 가게 됐다.

그런데 그날 신야나무밑교회 담임 교역자에게 문제가 생겨 교회에 오지 못했다. 어쩔 수 없어 예배 시간에 스와힐리어를 할 줄 아는 바바 레보가 내 설교를 마사이어로 통역해 주었다. 그리고 그날 바바 레보는 하나님의 은총을 입었다.

그 후로 바바 레보는 한 번도 빠지지 않고 주일예배를 드렸다. 2020년 코로나 기간에 시작한 목요성경학교에 꼬박꼬박 나와 말씀을 배웠으며, 전도부인세미나가 열릴 때마다 교회에 와서 여성들을 섬기며 어려운 일을 도맡아 준다. 청소년연합집회 때도 청소년들을 인솔하며 함께 참여하고 있다. 아내가 한 명인 바바 레보가 더는 아내를 두지 않고, 소와 염소를 치는 목동이 아닌 사람을 낚는(치는) 어부(목자)가 되겠다고 결단했다.

 **사람 목숨보다 더 비싼 사자**

마사이들은 어릴 때부터 숲속 삶을 경험하며 많은 것을 배운다. 특히 동물의 위험성과 유익함을 어른들에게서 배우며 공존하는 법을 익힌다.

그런 마사이들이 가장 무서워하는 것이 있으니, 바로 뱀이다. 아프리카 비단뱀은 염소 같은 큰 가축을 통째로 삼킨다. 독사에 물리면 십중팔구 목숨을 잃는다. 마사이족은 사자를 잡는 용맹한 부족으로 알려졌지만, 실제로는 사냥을 즐기기보다 야생 동물과 조화를 이루며 살아간다. 다만 생명보다 귀중히 여기는 가축을 건드렸을 때는 목숨을 걸고 사자와 맞서 싸운다.

사자는 먹잇감이 충분하거나 배가 부르면 사람을 해치지 않는다. 공격한다는 위험이 감지되었을 때에만 사람에게 해를 가한다. 이런 사자보다 더 위험한 동물이 있는데 바로 코끼리다. 극도로 흥분한 코끼리를 만나면 재빨리 피해야 한다. 흥분한 코끼리는 눈에 보이는 모든 것을 짓밟아 초토화시킨다. 거대한 몸집에서 나오는 힘은 강력하다. 초식 동물인 코끼리의 길을 막거나 자극하면 상황은 한순간에 달라진다. 그래서 마사이에서는 사자보다 코끼리에 희생당한 사람이 더 많다.

또 코끼리는 개 냄새를 매우 싫어한다. 어린 목동들이 개를 데리고 나갔다가 성난 코끼리에게 공격당해 목숨을 잃는 경우가 있다. 개는 재빠르게 도망치지만, 아이는 그렇지 못하기 때문이다.

어느 날, 신야교회 청년 세 명이 사자 한 마리를 죽였다. 신야 지역은 케냐와 탄자니아 국경에 걸쳐 있는데, 케냐 쪽에는 암보셀리 국립공원이, 탄자니아 쪽에는 동물 보호 구역인 WMA(Wildlife Management Area)가 있다.

이 지역은 야생 동물이 보호받는 곳이다.

　WMA에서는 마사이 주민들에게 동의서를 받는다. 그 내용에는 야생 동물을 사냥할 경우 벌금을 부과하며, 대신 해마다 관광 수입 일부를 동네 발전을 위해 지원한다는 조항이 포함돼 있다. 하지만 보조금은 공동체 운영자들끼리 나눠 갖고, 주민들에게 돌아오는 혜택은 많지 않다.

　사자를 불법적으로 사냥하거나 밀렵하면 최대 30년의 엄중한 징역형을 선고받는다. 합의가 되어 징역형을 살지 않더라도 보상해야 할 벌금이 2만 불이나 된다. 반면 사자가 사람을 죽이면 가족에게는 장례비 정도만 지급된다. 위험에 처해도 사자를 죽일 수 없고, 차라리 사자에게 잡혀 죽어야 한다. 사람 목숨보다 사자를 더 귀하게 여기는 부당한 합의서지만, 마사이들은 그 내용을 충분히 이해하지 못한 채 서명했다.

　암사자 2마리가 염소 16마리를 물어 죽이자 청년들은 분을 참지 못하고 사자를 사냥했다고 했다. WMA에서 조사단이 나와 주일예배까지 막으며 조사를 벌였다. 조사 기간 동안 청년들은 유치장에 갇혀 지내야 했다.

　동네에서는 벌금을 마련하기 위해 애를 썼고, 우리는 성도들을 위로하며 하루빨리 청년들이 돌아오도록 기도했다. 마사이 성도들에게 세상 부조리와 이치를 분별하는 지혜가 열리기를 간절히 기도한다.

 ## 찰레, 용서해 줘

 윤 선교사님이 내게 유품으로 남기신 '당당한 프라도'가 어느덧 스물네 살이 되었다. 자주 수리를 해도 삐걱거리며 고장 나는 부분이 많다. 마사이에서 아루샤 시내까지는 120km나 떨어져 있어 정비소를 가는 것이 쉽지 않았다.
 찰레는 오토바이 택시 기사였다. 숲속 교회에 다니며 그의 오토바이 택시를 자주 이용했다. 마사이 숲길은 모래가 많고 울퉁불퉁해 매우 위험하다. 잘못 들어서면 지반이 무너지고, 비가 오면 쉽게 차가 빠지기도 한다. 게다가 어디서 야생 동물이 튀어나올지 몰라 늘 긴장하게 된다.
 찰레는 새어머니의 폭행을 견디며 간신히 초등학교를 졸업했다. 그 뒤 일찍이 생활 전선에 뛰어들어 온갖 일을 하며 살았다. 그는 성실하게 돈을 모아 오토바이를 장만했고, 그 오토바이로 생계를 이어갔다.
 오랜 시간 찰레를 지켜보았던 나는 그에게 운전면허를 취득하라고 권했다. 남편이 "혼자 숲속 교회를 다니는 것이 위험하니 찰레가 함께 다니면 좋겠다"고 했기 때문이었다. 찰레가 면허를 취득한 후에 가끔 일당을 주고 차량 운전을 부탁했다.
 '당당한 프라도'를 케냐 정비소로 가져가기 전에 차량 상태를 확인하고 싶었다. 상태가 좋지 않은 차를 케냐 국경을 넘어 혼자 운전해 가야 했기 때문이었다. 그래서 신야교회에서 예배를 마치고 돌아오는 길에 운전하던 찰레에게 잠시 운전석에서 내려달라고 했다. 순간 찰레의 표정이 굳어졌다. 찰레의 표정을 본 나는 장난기가 발동해, 아무렇지도 않은 듯 같은 말을 두 번 반복했다. 찰레는 겁에 질린 얼굴로 조용히 차에서 내렸다.
 운전석에 앉은 나는 운전을 시작했다. 그리고 찰레에게 웃으며 굴러가는 차 영상을 찍어 달라고 부탁했다. 포장도로와 마사이 숲속 흙길에서 달리는 차량 상태를 비교하기 위해서였다. 운전할 때마다 앞바퀴 쪽에서 나는 소리도 녹음해 정비소에 보여줘야 했다. 촬영을 끝내고 다시 운전을 시작한 찰레는 나에게 어릴 적에 들은 이야기를 해주었다.

찰레는 마사이족이 아니라 킬리만자로산 아래에 사는 차가(Chagga)족 출신이다. 독일 식민지 시절의 영향으로 대부분의 차가족은 루터교 신자들이다. 차가족은 성탄절에 모두 고향으로 돌아와, 살아온 이야기를 나누고 지혜를 배우는 전통을 가지고 있다. 그때 찰레는 작은할아버지에게 이런 이야기를 들었다고 했다.

작은할아버지는 젊은 시절에 커피 농장에서 일했다. 농장 주인 부부는 캐나다인이었고 운전기사를 따로 두었다. 여주인은 마음씨가 좋아 젊은 운전기사를 아들처럼 대했다.

어느 날 여주인은 운전기사의 정직성을 시험해 보고자 운전석에 200실링(당시에 큰 돈)을 놓고 차에서 내렸다. 차로 돌아오니 200실링이 사라졌다. 여주인은 화를 내지 않았고, 오히려 운전사를 시험한 것에 죄책감을 느껴 옷 한 벌을 사서 차 안에 두었다. 그리고 다른 옷을 사러 옆 가게에 들렸다. 그런데 돌아와 보니 차 안에 두었던 옷이 없었다. 여주인은 운전기사에게 옷이 어디 있느냐고 물었다. 운전기사는 웃으며 자기 선물인 줄 알았다고 말했다. 운전기사는 누가 봐도 외국인이 입을 만한 옷이 아니었기에 자기 옷이라고 여겼던 것이다.

그날 이후 여주인은 그를 더 지켜보았고, 어느 날 그를 숲속으로 데리고 갔다. 숲속에 도착한 여주인은 운전기사에게 총을 겨누며 "내리라"고 명령했다. 지금도 사자가 나오는 마사이 숲속인데, 90년 전 탄자니아에는 얼마나 사나운 짐승들이 많았겠는가. 사자가 나오는 숲속에 운전기사를 내려놓고 여주인은 직접 운전해 집에 돌아왔다. 그가 사자 밥이 되었는지 아니면 운 좋게 살아 돌아왔는지는 아무도 모른다.

당시는 식민지 시대였기에 외국인은 탄자니아에서 주인이었고, 주인의 결정은 곧 법이었다. 그래서 주인을 속이거나 잘못하면 현지인에게 총을 쐈다고 한다. 여주인이 운전기사를 총으로 쏘지 않고 숲속에 버리고 온 것은 나름 살아 돌아올 기회를 준 것이었다.

찰레의 작은할아버지는 이 이야기를 어린 손자들에게 들려주며 정직과 성실에 대해 가르쳐 주었다. 주인이 친절하고 잘해준다고 해서 농담식으로 말을 주고받지 말며, 주인은 친구가 아닌 섬겨야 할 대상임을 가르쳐 주었다고 했다. 그러면서 찰레는 내가 차에서 내리라고 했을 때, '내가 무슨 잘못을 했을까?'를 생각하며 마사이 숲속에 자신을 버려두고 가는 줄 알았다고 했다.

나는 그 이야기를 들으며 본의 아니게 상처를 준 것 같아 마음이 아팠다. 찰레에게 미안하다고, 용서해 달라고 말했다. 그리고 앞으로는 말과 행동을 더 조심하겠노라 다짐했다. 어려운 환경에서도 정직하고 성실하게 살아온 찰레에게서 나는 많은 것을 배운다. 그리고 그런 좋은 친구를 만나게 하신 하나님께 깊이 감사드린다.

차를 정비소에 맡겼다. 잘 고친 차로 선교의 길을 열심히 달리며 하나님과 사람들을 섬기는 삶을 계속 이어가야겠다.

목요성경학교 종강식과 소고기 파티

'평신도를 깨워야 교회가 산다'는 믿음으로 평신도 지도자들을 대상으로 목요성경학교를 시작했다. 숲속 곳곳에 흩어져 있는 14개 마사이 교회에서 성경학교가 열리는 엔휘르엔데게교회까지 오는 길은 결코 쉽지 않다. 숲길을 걸어 나와서 오토바이 택시를 타고, 승객이 꽉 차야 출발하는 버스를 타고 와서 다시 걸어야 하는 지난한 여정이다. 그럼에도 평소에는 40~50명이, 건기에는 30여 명이 참석하고 있다.

학교 문턱에도 가 보지 못하고 구전 문화에 익숙해 있는 마사이 성도들에게 성경학교는 새로운 세상이었다. 그들은 말씀 배우는 시간을 진심으로 즐거워했다. 몇 명의 전도부인들도 함께했다. 특히 올도노란다레교회에서 오는 두 전도부인은 꼬박 하루가 걸리는 거리에 있어, 전날 아침 일찍 집을 나서 렌지교회에서 하룻밤을 자고 롱기도교회를 거쳐 성경학교에 도착한다. 안쓰러운 마음에 전도부인세미나만 참석하고 목요성경학교에는 나오지 말라고 했다. 그러나 그들은 성경학교에 다닐 수 있어 기쁘고 감사하다며 눈물로 고백했다.

비가 내리기 시작한 어느 날, 일 년간의 긴 여정을 마무리하는 종강예배를 드렸다. 성경학교 종강예배 후, 고생한 지도자들에게 감사의 마음으로 소 한 마리를 잡아 식사를 대접했다. 나는 교회에서 소나 염소 선물을 받으면 무조건 집으로 데려온다. 귀한 선물을 거절하는 것은 예의에 어긋나기 때문이다. 선물받은 소는 바바 모세나 목동에게 돌보라고 맡겼다가 성도들을 위해 거하게 한턱낸다. 받아서 좋고 나눌 수 있어 행복하다. 난 행복한 선교사가 맞다.

마사이 사람들은 죽은 가축의 고기는 절대 먹지 않는다. 병이나 바이러스로 인해 죽었을 가능성이 있어 오직 살아 있는 가축만 잡아먹는다. 과거 마사이족은 우역(소 전염병)으로 인해 소뿐 아니라 사람도 대거 희생된 적이 있다. 그때의 처참함은 시신이 산을 이뤘다는 말로 전해진다.

종강식 날, 우리는 성경학교를 마친 감회를 나누며 막 잡은 소고기를 먹었다. 오랜만에 배불리 먹은 식사였다. 비가 내리기 시작했으니 이제 파릇한 풀이 돋아날 것이다. 유목을 떠났던 목동들이 가축과 함께 돌아오고, 푸른 초원 위 평화로운 장면이 다시 펼쳐질 것이다.

 ## 골고루 나누는 것은 어렵다

마사이 선교를 시작한 지 얼마 되지 않았을 때, 선임 선교사님이 특별히 내린 요청이 있었다. 각 교회마다 있는 부설 유치원 교육에도 교회 사역만큼 주의와 관심을 기울이라는 내용이었다.

그 즈음에 군대를 제대한 청년 3명이 복학하기 전에 선교지를 찾아왔다. 처음 만난 청년들과 며칠을 함께 지내며 키모쿠와교회에서 주일예배를 드렸다. 극심한 가뭄에 가축들이 모두 이동해, 가정마다 우유 없이 홍차에 설탕만 넣어 끓여 마시는 상황이었다. 그래서 어린이들을 위해 우유와 빵을 가져갔다. 차 트렁크에 24개씩 든 우유 12박스를 챙겼다. 선임 선교사님이 예배드리고 나오는 아이들에게 우유를 직접 나눠 주라고 하셨다. 나는 속으로 궁시렁거렸다.

'교회에서 알아서 잘 나눌 텐데, 왜 나한테 나눠 주라고 하시는 거지?'

교회 입구에 서서 나오는 아이들에게 우유를 나눠 줬다. 200여 명의 아이들에게 나눠 주는데, 남아야 할 우유가 모자랐다.

"아직도 받지 못한 아이들이 많은데 왜 우유가 떨어졌지?"

먼저 받은 아이들이 옷이나 마사이 천 속에 우유를 감춘 채 새치기해서 또 우유를 받아가고 있었다. 선임 선교사님은 젊은 청년들 앞에서 내게 꽥 소리쳤다.

"우유를 똑바로 나눠 줘! 똑바로 나눠 주라고!"

나는 정신이 하나도 없었다. 순진한 아이들이 우유를 감추며 또 받아가는 상황, 우유를 받지 못한 꼬맹이들이 울어대는 상황, 선임 선교사님의 천둥 같은 야단 소리, 이제 막 목사 안수를 받은 내가 낯선 청년들 앞에서 욕을 먹는 이 상황이 너무 힘들었다.

그래서 신학교로 돌아오는 차 안에서 청년들이 있건 없건 울고 말았다. 그때만 해도 순진하게 눈물이 났다. 지금은 악으로 깡으로 버티며 울지 않는데 말이다.

그때 선임 선교사님이 내게 물었다.

"나눠 보니 어떠냐?"

"힘듭니다. 어렵습니다!"

"선교사는 모든 사람에게 골고루 잘 나눠야 한다. 받지 못해 상처입는 사람이 없도록 말이다. 앞으로 선교지에서 사랑으로, 복음으로 나누며 힘들 때마다 오늘을 잘 기억해!"

나는 그때 알았다. 주는 것이 받는 것보다 복되지만, 나누는 것이 얼마나 힘든지 말이다. 그 후로 나는 교회가 있는 마을들에 공평하게 나누려고 애쓰고 있다.

목사에게 갓난애를 맡기고 물 길으러 간 마마

"벼(곡식)는 주인의 발소리를 듣고 자란다"는 옛말처럼, "네 양떼의 형편을 부지런히 살피며 네 소떼에 마음을 두라"는 잠언서의 말씀처럼 목사는 하나님께서 맡기신 생명을 살리는 일에 힘써야 한다. 성도가 편히 찾는 목사가 되어야 한다.

쿠의 아내가 "음충가지~" 하며 목사를 불렀다. 지금 물을 길어와야 한다면서 내게 10개월 된 막내아들 무사(Musa)를 맡겼다. 무사 위로 3세인 줄리어스와 6세, 8세인 두 딸이 있었다. 그런데 왜 내게 아이를 맡기는지 물었더니, 모두 염소와 양을 치러 나갔다고 했다.

하루종일 교역자 회의를 하고서 이제 막 하숙하는 쿠의 집에 돌아온 터였다. 많이 피곤했지만 어쩔 수 없어 무사를 안고 방에 들어왔다. 아이는 더러운 윗도리만 입고 바지는 입지 않은 상태였다. 다은이가 준 헌 옷 박스를 뒤져보니 칠보 내복이 있었다. 무사에게 흘러내리지 않게 묶어 입혔다. 아이는 처음에 엄마를 찾는 듯 앙앙대며 울더니 곧 내 노랫소리와 손벽 장단에 맞춰 옹알댔다. 하지만 나는 힘이 들었다. 아이는 예쁜데 아이를 돌보기에 이제 나는 너무 올드해졌다. 아이를 안은 팔이 저려와 혼자서 궁시렁대다가 케냐에 있는 남편에게 전화를 했다.

"아니 어떻게 목사에게 갓난아이를 맡기고 물을 길러 가냐고! 언제 올지 모르는데 아기를 어쩌면 좋아. 피곤해! 정말!"

궁시렁거리는 내게 남편이 말했다.

"참 좋은 목사님이시군요. 세상에 어느 성도가 목사에게 자신의 갓난아이를 돌봐달라고 맡길 수 있습니까? 당신이 좋은 목사라서 성도가 편히 부탁하는 것입니다."

남편의 끝내주는 해석에 감동받았다.

한참 후 마마 무사가 돌아왔다. 20리터 물통을 등에 지고 한 손에는 5리터 물통을 끙끙거리며 들고 왔다. 그러면서 5리터 물통을 내게 주었다.

"목사님, 저녁에 목욕하고 쉬세요. 피곤하실 텐데."

평소에 마마는 아이를 들쳐 없고 물을 길으러 갔다. 그런데 이번에는 아이를 내게 맡기고 내 몫의 물을 더 길어온 것이었다. 피곤해 보이는 목사님 목욕하라고, 뜨거운 물로 목욕하면 피로가 풀릴 거라면서 물을 나눠 주었다. 생각지 못한 감동이었다.

 ## 강남스타일 구제품, "목사님 가지세요"

　구제품을 정리해 롱기도교회에 선물로 가져갔다. 강남 지역 교회에서 보내온 구제품 속에는 꽤 쓸만한 옷가지와 가방, 신발들이 있었다. 그것을 교인 수에 맞춰 검정 비닐봉지에 담아 선물해 주기로 했다.

　예배 후 교회 임원들을 통해 성도들에게 나눠 주었다. 성도들은 무엇이 들어 있나 궁금해하며 비닐봉지를 열었다. 물건을 확인하는 그들의 얼굴에 행복한 웃음꽃이 가득 폈다. 강남에서 온 물건이라서 그런지 고급스런 물건이 많았다. 루이뷔통 가방이며 브랜드 신발이며 탐나는 것이 많았다.

　릴라이 성도의 비닐봉지에는 가죽 가방이 들어 있었다. 어깨에 둘러멘 그녀의 가방은 명품백이었다. 살펴보니 정품 같았다. 가죽이 좋고 디자인도 맘에 들어 탐이 났다. 나는 장난스레 그녀에게 가방이 마음에 든다고, 가방이 좋아 보인다고 했다.

　선물 증정을 마치고 사역자에게 교회 보고를 받는데, 릴라이가 사무실에 들어왔다. 그러고는 내 앞에 가방을 내려놓으며 "목사님, 이거 가지세요" 하고 말했다. 릴라이에게는 명품백인지 아닌지는 중요하지 않았다. 단지 가방이 필요했다. 반면 나에게는 가방이 필요하지 않았다. 단지 명품 같은 그 가방이 좋아 보여서 탐이 났던 것이다.

　자기 소유인 가방을 내게 양보해 준 그녀의 마음이 고마웠다. 그리고 내 모습은 부끄러웠다. 나단 선지가가 다윗의 죄를 책망했던 것(삼하 12:1~4)처럼 탐욕에 눈이 먼 나 자신이 부끄러웠다. 마음만 받겠다며 릴라이에게 가방을 돌려주었다. 이제 마사이 땅에서 선교하며 쓸데없는 탐욕을 부리지 않기로 했다.

 **아이들의 위로, 내게 껌과 사탕을 주다**

　남편이 딸아이와 함께 케냐로 떠나고 내 비자도 취소가 되었다. 바늘과 실처럼 남편이 떠나면 아내도 따라가야 하겠지만, 남들이 생각하는 그런 결정을 하지 않았다. 이민국에서 국선변호사를 통해 조사를 받고, 여권을 빼앗긴 채 마사이 동네로 돌아왔다.

　아루샤에서 버스를 타고 120km 떨어진 마사이 교회로 돌아오는 동안 참 슬펐다. 버스에서 내려 교회로 들어오는 숲속 길에서 꼬마들을 만났다. 평소에 아이들을 만나면 가방 속에서 사탕이나 과자를 건네준다. 그래서 항상 배낭이 무겁다.

　무거운 마음으로 걷다가 만난 아이들은 해맑은 웃음으로 나를 맞아 주었다. 하지만 나는 찬 바람 쌩쌩 날리며 하숙집 안으로 들어왔다. 금방 어두운 밤이 되었다. 하숙집에서 얼마나 울었는지 모른다. 그날을 아직도 생생히 기억한다. 그러나 슬픔은 남아 있지 않다.

　종일 차이 두 잔 외에는 아무것도 먹지 않아 배가 고팠지만 만사가 귀찮았다. 꼭 로뎀나무의 엘리야 신세가 내 신세 같았다. 촛불조차 켜기 싫어 깜깜한 천장을 응시하고 있자니 복잡한 잡념에 빠졌다. 마침 비가 내려 양철집의 초라한 지붕을 때렸다. 빗소리는 정말 요란했다. 내 마음 같았다.

　그런데 밖에서 꼬마들 소리가 났다. 그들이 내 방 철문을 살며시 두들기는 소리가 들렸다. 아이들이 나를 불렀다.

　"음충가지~."

　부르는 소리에 대답하지 않았다. 그러자 아이들은 마사이 이름까지 붙여서 불렀다.

　"음충가지 나마야니~."

비가 내리는데도 아이들은 돌아가지 않고 나를 불러댔다. 대답하지 않으면 계속해서 비를 맞고 있을 것 같아 "목사님, 잔다. 우리 내일 만나자" 하고 대답했다. 그랬더니 이번에는 내 성까지 붙여 불렀다.

"음충가지 나마야니 배!(나마야니 배 목사님)."

아이들을 집으로 돌려보내야 했다. 마음을 추스르고 몸을 일으켜 문쪽으로 걸어갔다. 창에 아직 유리를 끼지 않아 천으로 가려놓고 있었다. 천을 들추니 한 여자아이가 내게 손을 쑥 내밀었다. 아이 손에는 껌 하나가 쥐어져 있었다. 다른 아이도 내게 손을 내밀었다. 그 아이 손에는 사탕이 있었다. 나는 순한 양이 되어 아이들이 건넨 '껌과 사탕'을 받았다.

껌과 사탕을 보며 눈물을 왈칵 쏟아냈다. 아이들은 그것을 주기 위해 나를 그토록 불렀던 것이다. 언제인지 모르나 내가 아이들에게 주었던 것을 아껴두었다가 내게 준 것이다. 여느 때와 다른 내 모습에, 자신들이 가장 아끼는 것을 주며 힘내라고 응원했다. 아이들은 어두운 밤길에 비를 맞으며 집으로 돌아갔다.

잠을 잘 수 없었다. 로뎀나무 아래의 엘리야, 그리고 디베랴 바다로 돌아간 베드로와 제자들이 생각났다. 주님은 지쳐 있는 엘리야에게는 구운 과자와 물 한 병을, 낙심한 제자들에게는 생선과 떡을 주시며 "일어나 먹고", "와서 먹으라"고 말씀하셨다. 영의 양식뿐 아니라 육의 양식도 공급해 주셨다. 그리고 그들 안에 여전히 살아 있는 사명의 길을 걷게 하셨다.

아이들은 주님께서 내게 보내신 천사였다. 껌과 사탕은 주님께서 나에게 주신 생선과 떡이며, 과자와 물이었다. 나는 그날 밤 마사이 꼬마 아이들을 통해 주님의 위로하심과 공급하심을 경험했다. 껌을 씹으며 사탕을 먹으며 힘을 얻었다. 그리고 마사이 땅에 남아 있는 나의 사명을 깨달았다.

그날 이후 여러 어려움을 겪었지만, 단 한 번도 그것을 고난이나 시련이라고 여기지 않았다. 위기는 언제나 주님께서 내게 허락하신 축복의 통로였다. 설사 어려움을 만나도 나는 그것을 이겨낼 힘을 주님에게서, 그리고 마사이 성도들에게서 공급받는다. 그래서 나는 행복한 선교사다.

마사이 아낙네

시인 장기은

하이얀 치아를 한가득 드러내며
활짝 웃는 그녀
무엇이 그리 행복한 걸까

찰랑찰랑
귀를 늘어뜨리는 한주먹의 목걸이
목을 뒤덮고 있는 형형색색의 장식품
몸을 휘감고 있는 알록달록의 천조각
화려함 속에 있는 그녀의 얼굴

부럽다
부러우면 진다는데
이길 수 있는 상대가 아니다
그녀의 하이얀 미소
그녀의 부드러운 몸짓
그녀의 깨끗한 눈길

비교할 수 없는 행복함이 그녀의 모습에서 보인다

에필로그

모든 영광을 오직 하나님께

    2013년, 남편과 딸이 케냐로 떠나던 날은 지금 떠올려도 가슴 시리고 눈물이 납니다. 가족의 사랑 속에서 살던 제가 탄자니아에 홀로 남기로 결정한 그날의 무게를 생각할 때마다 남편 김윤식 선교사와 딸 다은이에게 미안함과 감사함이 교차합니다.

    나의 눈물은 기도가 되었고, 위기와 시련은 또 다른 길의 시작점이 되었습니다. 아픔은 하나님의 은혜와 사랑을 기억하는 흔적이 되었고, 마사이 땅에서 성도들과 함께한 삶은 글로 남았습니다.

    생후 8개월 다은이의 엄마였던 저에게 선교의 길을 열어주시고 탄자니아로 파송해 주신 전동교회와 걸음마다 기도와 물질로 함께해 주신 수많은 동역자와 후원교회들에게 깊이 감사드립니다. 또한 마사이와 함께한 삶을 글로 나누도록 격려해 주신 분들의 사랑과 따스함이 오늘의 이 책을 가능하게 했습니다. 거친 글을 다듬어 책이라는 옷을 입혀 주신 도서출판kmc에도 감사의 인사를 전합니다. 선교의 여정에 함께한 분들께 일일이 감사의 마음을 전하지 못함을 넓은 마음으로 품어주시기 바랍니다.

이 책은 하나님의 은혜로 걸어온 선교 여정의 기록이며, 그 길 위에서 마사이와 삶을 나누고 사랑하며 배운 감사의 고백입니다. 하나님의 선교에 함께하고 있고 또 동참하기를 원하시는 분들께 이 여정이 기쁨과 위로, 새로운 격려가 되길 소망합니다.

"하늘을 두루마리 삼고 바다를 먹물 삼아도 한없는 하나님의 사랑 다 기록할 수 없겠네"라는 찬송의 고백처럼, 그 크신 하나님의 사랑에 반응하여 먼 이국땅 마사이를 품고 지금까지 함께해 주신 모든 분들의 사랑에 참 고맙습니다.

"모든 영광을 오직 하나님께!"

보이지 않는 하나님을 사랑하듯 보이는 마사이를 사랑했고, 앞으로도 계속 사랑하겠습니다.

롱기도 마사이 마을에서 **배 경 식**

나의아니

초판 1쇄 2025년 4월 30일
　　2쇄 2025년 5월 26일

지은이 배경식

발행인 김정석
편집인 김정수
발행처 도서출판kmc
　　　　서울특별시 종로구 세종대로 149 감리회관
　　　　(재)기독교대한감리회 도서출판kmc
　　　　www.kmcpress.co.kr 전화 02-399-2008

디자인 코람데오·시소디자인
인　쇄 천광인쇄사

ⓒ 배경식, 2025
ISBN 978-89-8430-949-4　03230

- 값은 뒤표지에 있습니다.
- 파본은 구입처에서 교환해 드립니다.
- 이 책 내용의 전부 또는 일부를 이용하려면 반드시 저작권자와 출판사의 서면동의를 받아야 합니다.